명랑쌤의 비법 국물요리로
집밥을 더 맛있게, 푸짐하게 준비해볼까요?

맛있는 요리를 만드는 레시피가 있는 것처럼 웃음, 힐링, 성장을 만드는 레시피도 있을까요?
레시피팩토리는 모호함으로 가득한 이 세상에서 당신의 작은 행복을 위한 간결한 레시피가 되겠습니다.

집밥이 더 맛있어지는

명랑쌤 비법 국물요리

Prologue

"〈집밥이 더 맛있어지는 명랑쌤 비법 국물요리〉 속 레시피들을 따라
구하기 쉬운 재료와 양념으로 근사한 국물요리, 정성 가득한 집밥을 차려보세요.
우리 집 밥상이 건강하고 행복해집니다."

명랑쌤 비법 요리책 2탄,
국물요리를 제대로 맛있게 만드는 비법을 담았습니다

쿠킹 클래스를 통해 다양한 요리를 가르친 지난 20여 년을 돌아보면, 화려한 요리보다 어렵지 않게
만들 수 있는 소박한 음식들이 더 인기가 많았습니다. 그래서 올봄, 저는 평범한 재료와 양념으로
한끗 다르게 만드는 비법을 소개한 〈집밥이 편해지는 명랑쌤 비법 밑반찬〉을 출간했습니다.
그저 집밥의 즐거움을 함께 나누고자 만든 책이었는데, 과분할 만큼 많은 사랑을 받았고 인터넷서점에
올해의 책 후보로 오르기도 했습니다. 이 책에 보내주신 독자님들의 성원에 깊이 감사드립니다.

1탄을 아껴주셨던 독자님들께서 2탄으로 '국물요리' 책을 내주면 좋겠다는 의견을 들려주셨습니다.
국물요리는 어렵고 번거롭긴 하지만, 한국인의 밥상에서 빼놓을 수 없는 음식이지요.
특히 저는 국물 없이는 밥을 못 먹는 식성이라, 밑국물을 넉넉히 만들어 두고 국이나 찌개 등을
늘 끓여 먹는답니다. 마침 자신 있는 분야라서, 출판사 레시피팩토리와 함께 바로 작업을 이어갔습니다.

이번 책에서도 저는 구하기 쉬운 재료와 양념으로 맛있게, 제대로 국물요리를 완성하는 비법을
빠짐없이 담고자 노력했습니다. 특히 궁금해하시는 여러 밑국물을 꼼꼼히 짚어드렸고, 화학조미료 없이
재료 본연의 감칠맛을 최대한 이끌어내는 방법도 알려드렸습니다. 매일 먹을 수 있는 국과 찌개는 물론
일품요리 못지않게 푸짐한 탕과 전골, 국물도 되고 반찬도 되는 찜과 조림까지 다양하게 다루었지요.

음식은 곧 보약입니다. 제철에 나오는 신선한 재료들로 정성 들여 만든 음식이 우리 몸에 좋다는 것은
누구나 잘 알고 계실 겁니다. 하지만 바쁜 현대인들이 매일 다른 메뉴를 정하고, 직접 장을 봐서
모든 음식을 만들기란 쉽지 않지요. 시간에 쫓겨 익숙한 요리만 만들다 보면 매일 비슷한 것들만
먹게 되고, 결국 외식이나 반조리 식품에 의존하게 됩니다. 이러한 식사들도 괜찮겠지만, 가장 맛있는
식사는 갓 지은 밥과 방금 끓인 국이나 찌개, 슴슴하게 만든 반찬들로 차린 한상이라고 생각합니다.
사 먹는 밥에 익숙하더라도 현대인들에게는 이렇게 정성이 담긴 소박하고 건강한 집밥이 그리울 겁니다.

그렇다면 가족과 나 자신을 위해 하루에 한 가지씩 음식을 준비해보면 어떨까요? 몸과 마음을 모두
따뜻하게 해줄 국물요리로요. 〈집밥이 더 맛있어지는 명랑쌤 비법 국물요리〉로 도전해보세요.
국물요리는 어렵다는 생각에 엄두조차 내지 못 했던 분들도 레시피대로, 비법을 지켜 만들면
훌륭하게 완성할 수 있습니다. 하나씩 따라 하다 보면, 국물요리에 자신감이 생겨 다양한 응용도
가능하게 되지요. 재료 하나하나 준비하며 정성스럽게 끓인 국, 찌개, 전골 등 국물요리가 있는 밥상은
소박하면서도 건강하기에 가족 모두 아주 맛있게 드실 겁니다. 각 가정의 식사가 더 건강하고
행복해지는 데 이 책이 조금이라도 도움이 되기를 바랍니다.

2020년 12월 ─────────────────────────────────── 명랑쌤 이혜원

Contents

02 **Prologue**
명랑쌤 비법 요리책 2탄,
국물요리를 제대로 맛있게 만드는 비법을 담았습니다

154 **Index**
가나다순 · 주재료별

기본 가이드
국물요리를 더 맛있게 만들기 위한 명랑쌤 비법 레슨

10 **명랑쌤 비법 레슨 1**
국물요리를 더 맛있게 하는 기본 지침 7가지

12 **명랑쌤 비법 레슨 2**
국물 맛을 섬세하게 하는 기본 밑국물 5가지

18 **명랑쌤 비법 레슨 3**
밑국물에 가장 많이 쓰이는 기본 재료 14가지

20 **명랑쌤 비법 레슨 4**
국물요리에 가장 많이 쓰이는 기본 양념 10가지

22 **Q&A**
국물요리에 관한 독자들의 질문과 명랑쌤의 답변

24 **요리 가이드**
계량 & 불 세기 & 인분수 조절하기

잘 어울리는 밑국물 찾기

ⓓ 다시마국물　ⓜ 멸치국물　ⓑ 북어국물　ⓒ 채소국물　ⓢ 쇠고기육수　ⓡ 쌀뜨물

* 첫 번째 아이콘이 실제 레시피에 쓰인 밑국물이고, 나머지 아이콘은 잘 어울리는 대체 밑국물입니다.
* 아이콘이 없는 메뉴는 미리 밑국물을 만들지 않고 바로 끓이는 것입니다. 이들 레시피 tip에 대체 밑국물도 소개되어 있으니 참고하세요.

깔끔한 국물로 더 맛있게 즐기는 국

28
맑은 감자국
ⓑ ⓜ

30
새우젓 애호박 두부국

32
대파 버섯 달걀국

34
김치 콩나물국
ⓜ ⓓ ⓑ

36
콩나물 오징어 북엇국
ⓓ ⓜ ⓑ ⓒ

40
오징어 뭇국
ⓑ ⓜ

42
쇠고기 얼갈이배추 된장국

43
명란 순두부국
ⓑ ⓓ ⓒ

43
시금치 건새우 된장국
ⓡ ⓓ ⓑ ⓒ

48
매생이 굴국
ⓑ ⓜ

50
쇠고기 미역국

52
빨간 쇠고기 뭇국

54
토란국

56
오이 미역냉국

58
가지냉국
ⓑ ⓓ ⓒ

60
도토리묵냉국
ⓒ ⓓ ⓑ

풍부한 건더기로 더 맛있게 즐기는 찌개

| 64 차돌 된장찌개 북·채·쌀 |  66 우렁 강된장찌개 멸·북·채·쌀 |  68 해물 순두부찌개 |  70 동태찌개 북·다·채 |  71 매콤한 청국장찌개 북·다·채·쌀 |

| 71 간편 꽁치 김치찌개 쌀·다·채 |  76 김치 콩비지찌개 북·쇠 |  78 돼지고기 김치찌개 북·멸 |  80 부대찌개 북·멸 |  82 돼지고기 감자 고추장찌개 채·북 |

| 84 닭개장 |  85 육개장 |  90 차돌 우거지찌개 다·채 |

푸짐한 별미로 더 맛있게 즐기는 탕·전골

| 94 어묵탕 |  95 우엉 들깨탕 다·채 |  95 순두부 들깨탕 북·다·채 |  100 삼계탕 다·채 |  102 초계탕 |

104	105	110	111	116
단호박 꽃게탕	우럭 매운탕	낙지 연포탕	불낙전골	돼지목살 김치전골
다 채 쌀	채 다 북	다 북 채	다 북	북 다 멸

117	122
등갈비 시래기 콩탕	만두전골

자작한 국물이 있어 더 맛있게 즐기는 조림·찜

128	130	132	134	135
국물 자작 무조림	시래기 들깨 된장조림	오징어 두부조림	남대문 스타일 갈치조림	병어 감자조림
	북 다 채	다 멸 북	북 다 채	다 채

140	142	144	146	148	151
버섯 육수불고기	쇠고기 아롱사태찜	칼칼 돼지갈비찜	등갈비 김치찜	매운 닭볶음탕	황태 찜닭
다 채			북 다 채	다 채	다 채

국물요리를 더 맛있게 만들기 위한
명랑쌤 비법 레슨

입에 착 감기는 국물 맛부터
부족함 없이 잘 어우러진 건더기까지
국, 찌개, 전골, 탕 등 다양한 국물요리를
제대로 맛있게 만들기란 결코 쉬운 일이 아닙니다.
그래서 가장 어려운 요리, 특히 배우고 싶은 요리로
국물요리를 뽑는 분들이 많지요.
이번 첫 장에서는 국물요리에 두루 적용되는
더 맛있게 끓이는 기본 지침부터
비법 밑국물들, 재료와 양념 사용법까지
명랑쌤이 자세히 알려드립니다.
이런 비법 담긴 노하우도 필요하지만,
진짜 맛있는 국물요리를 완성하기 위해서는
무엇보다 시간과 정성이 충분히 들어가야 합니다.
재료가 조금 많아도, 시간이 조금 걸려도
명랑쌤 비법 따라 똑떨어지게 맛있는
국물요리를 완성해보세요.

명랑쌤 비법 레슨 **1**

국물요리를 더 맛있게 하는 기본 지침 7가지

제대로 맛내기 어려운 요리로 국물요리를 꼽는 분들이 많습니다. 밑국물, 재료, 양념 등 준비할 것도 많고 조리시간도 길다 보니 더 그렇게 느껴지실 거예요. 요리하기에 앞서 명랑쌤이 국물요리 완전 정복을 위해 꼭 기억해야 할 기본 수칙부터 꼼꼼히 짚어드립니다.

1 ___ 밑국물은 필수! 국물요리마다 어울리는 밑국물을 고르세요

밑국물 대신 맹물로 국물요리를 끓이면, 재료와 양념을 넉넉히 넣어도 맛이 허전하게 느껴져요.
감칠맛을 책임지는 밑국물을 번거로워도 준비해야 하는 이유지요. 맛있는 국물요리를 위해 꼭 만드세요.
국물요리마다 어울리는 밑국물은 따로 있는데요. 주재료에 어울리는 밑국물을 넣는 것이 포인트랍니다.
쇠고기, 돼지고기가 주재료인 국물요리에는 다시마국물이나 채소국물처럼 맛이 연한 밑국물 또는 주재료를 활용한 고기육수가 잘 어울려요. 멸치, 북어로 맛을 낸 밑국물을 넣으면 고기와 해물의 맛이 충돌해 풍미가 떨어집니다.
국물이 자작한 생선 조림에는 향이 약한 다시마국물, 북어국물이 좋아요. 멸치국물은 멸치 맛이 강해 생선 고유의 맛을 떨어뜨릴 수 있어요. **김치처럼 맛이 강한 재료가 들어가는 국물요리**에는 거의 모든 밑국물을 사용해도 돼요.
만약 밑국물이 부족하다면 전자레인지로 초간단 다시마국물(17쪽)을 후다닥 만들어 활용하세요.

2 ___ 잡내는 이것 때문! 손질 시 꼼꼼하게 제거하세요

잡내가 나지 않는 국물요리를 완성하려면 요리 전 꼼꼼한 손질은 필수예요.
육류는 기름기, 핏물, 내장 등이 잡내의 원인이에요. 이러한 부분을 제거한 후 남아있는 부분까지 흐르는 물로 씻어내세요.
생선은 손질해서 끓는 물을 끼얹으면 비린내도 줄고 살도 단단해져요.
냉동 생선이라면 쌀뜨물 또는 청주를 섞은 물에 넣어 해동하세요. 익힐 때 생강, 마늘을 넣으면 잡내 제거에 효과적이에요.
꽃게는 사이사이에 낀 불순물을 요리용 솔로 빡빡 닦아내세요. **낙지**는 잡내를 없애고, 연육 작용을 위해 설탕으로 문지르세요.
뿌리채소 등 쓴맛이나 떫은맛이 나는 재료는 살짝 데친 후 조리하세요.

3 ___ 재료마다 익는 시간이 다르다! 단단한 재료는 먼저 넣거나, 얇게 썰어요

단단한 재료와 부드러운 재료를 함께 넣는 요리라면, 익는 시간이 오래 걸리는 단단한 재료부터 넣으세요.
그래야 속까지 충분히 익고 양념도 배어듭니다. 그다음 부드러운 재료를 나중에 넣으면 덜 부서져서
국물이 깔끔하게 완성돼요. 전골처럼 모든 재료를 한꺼번에 끓이는 국물요리의 경우에는 단단한 재료는 얇게,
부드러운 재료는 조금 두껍게 써세요. 그래야 두 가지 모두 같은 불 세기와 조리시간에서 먹기 좋게 익는답니다.

4 ___ 끓일 때 떠오르는 거품은? 반드시 걷어내세요

국물요리를 끓일 때 떠오르는 거품은 고기 속 핏물이 응고된 성분, 생선 및 멸치의 기름기,
양념에서 우러나오는 단백질, 전분 성질의 부유물 등이에요. 깔끔한 국물을 위해 거품은
계속 걷어내세요. 다시마는 오래 끓이면 끈끈한 성분이 빠져나와요. 이러한 성분은 먹어도
건강에는 큰 영향이 없지만 아무리 끓여도 없어지지 않고 국물을 탁하게 만든답니다.
다시마를 끓일 때는 레시피대로 불 세기와 끓이는 시간을 맞추세요.

5 ___ 끓일 때 뚜껑을 열까? 덮을까? 그 원리를 기억하세요

재료를 꼼꼼하게 손질했어도 끓이는 과정에서 잡내가 날 수 있어요.
육류가 들어간 국물요리는 센 불에서 끓일 때 반드시 처음 5분 이상 뚜껑을 완전히 열고 끓여 잡내를 휘발시키세요.
생선 조림은 뚜껑을 살짝 걸치게 열고 끓여야 잡내는 날아가고, 양념은 생선에 잘 배어요.
뚜껑을 다 열고 계속 끓이면 생선이 익기 전에 양념의 수분이 날아가 버립니다.
콩나물은 뚜껑을 연 채로 끓여야 비린내 없이 아삭아삭하게 익힐 수 있어요.
콩비지처럼 단백질 함량이 많은 재료가 들어간 국물요리는 거품이 생겨 흘러넘칠 수 있으므로
뚜껑을 열고 넉넉한 크기의 냄비에 끓여야 합니다.

6 ___ 끓이는 시간만큼 중요한 불 세기! 이렇게 조절하세요

국물이 끓어올랐다고 해서 요리가 완성된 것은 아니에요.
재료의 속까지 덜 익었을 수도 있고, 양념이 잘 스며들지 않았을 수도 있거든요.
처음에 센 불에서 끓이다가 국물이 끓어오르면 중약 불 또는 약한 불로 줄여 뭉근하게 끓이세요.
특히 찜, 조림은 약한 불에서 오래 끓여야 재료가 부드럽게 익고 속까지 양념이 배어든답니다.
단, 생선 조림의 경우 너무 오래 끓이면 살이 부서질 수 있으니 레시피 시간을 지켜주세요.

7 ___ 모든 재료가 다 익은 후 간을 맞추세요

국물이 뜨거울 때, 특히 매운 요리일 경우 짠맛이 덜 느껴질 수 있어요. 요리 중간에는 간이 맞는데
식으면 짤 때도 있지요. 국물요리는 모든 재료가 충분히 익은 후 마지막에 간을 확인해야 정확해요.
제품별로 짠맛의 정도가 다르니 이 부분도 참고하세요. 만약 간이 세면 밑국물을 뜨겁게 데워 추가하세요.
소금과 국간장으로 간을 맞췄는데 감칠맛이 부족하다고요? 멸치액젓, 참치액 등을 넣어보세요.
발효 및 숙성 과정을 통해 생긴 특유의 풍미가 감칠맛을 준답니다.

명랑쌤 비법 레슨 2

국물 맛을 섬세하게 하는 기본 밑국물 5가지

양념도, 부재료도 넉넉하게 넣었는데 맛이 허전하다면?
밑국물을 어떻게 냈는지 점검하세요. 제대로 맛을 낸 밑국물을 활용하면, 입에 착 감기는 국물 맛이 완성되거든요.
국물요리의 맛을 좌우하는 기본 밑국물의 비법 레시피를 명랑쌤이 알려 드립니다.

다시마국물 ● 40~45분 / 8컵(1.6~1.7ℓ) / 냉장 3~4일

모든 국물요리에 두루두루 어울리는 밑국물이에요. 재료도 간단하고 국물 내는 시간도 오래 걸리지 않으니
늘 냉장고에 만들어두면 언제든 손쉽게 본 책에 소개된 국, 찌개, 탕, 전골, 조림, 찜을 더 맛있게 만들 수 있어요.

다시마
(10×10cm 크기)
4~5장

+

물 10컵
(2ℓ)

1 다시마를 물에 담가 30분 정도 우린다.

2 냄비에 ①을 모두 붓고 센 불에서 끓인다.
끓어오르면 불을 끄고 다시마를 건진다.
* 다시마를 오래 끓이면 쓴맛이 나거나
진액처럼 끈적거리는 알긴산이 많이 나오니
짧게 끓이는 것이 좋아요.

3 식힌 후 체에 밭쳐 건더기를 건져내고
밀폐용기에 넣어 냉장 보관한다.

멸치국물

● 1시간 20~30분 / 10컵(2ℓ) / 냉장 3~4일

멸치로만 밑국물을 내면 멸치 풍미가 너무 강해요. 다양한 부재료를 넣어 맛을 부드럽게 만들고 잡내, 비린내를 잡으면 훨씬 더 맛있는 밑국물이 완성됩니다. 감칠맛이 진해서 두부, 채소만 넣는 맑은 국에 좋고, 된장으로 맛을 내는 국물요리에도 잘 어울려요.

멸치(중간 크기) 20마리 ＋ 다시마 (10×10cm 크기) 1~2장 ＋ 무 지름 10cm, 두께 1cm(100g)

양파 1/2개 ＋ 대파 1/2대 ＋ 건고추 2개

통후추 1작은술 ＋ 청주 1/4컵(50㎖) ＋ 물 12와 1/2컵(2.5ℓ)

1

멸치는 머리와 내장을 떼어낸다.
기름을 두르지 않고 달군 팬에
약한 불에서 1~2분간 굽는다.
* 멸치를 내열 접시에 넓게 펼쳐 담아
전자레인지에서 1~2분간 데워도 돼요.

2

냄비에 다시마를 뺀 나머지 재료를 넣고
30분간 두었다가 센 불에서 끓인다.
끓어오르면 약한 불로 줄여 30분간 끓인다.
다시마를 넣고 5분간 더 끓인다.
이때 거품은 계속 걷어낸다.

3

식힌 후 체에 밭쳐 건더기를 건져내고
밀폐용기에 넣어 냉장 보관한다.

북어국물 (또는 황태국물)

● 1시간 20~30분 / 12컵(2.4ℓ) / 냉장 3~4일

북어나 황태에 건어물, 향신채소 등 다양한 재료를 더해 구수하면서도 은은한 감칠맛이 나는 밑국물이에요.
복합적인 맛으로 국물요리를 한층 더 고급스럽게 해주기 때문에 본 책에 소개한 국, 찌개, 전골 등에 가장 많이 활용했어요.

북어나 황태대가리 2개
(또는 북어채나 황태채
약 1과 1/2컵, 30~40g)

+

건새우
1/4컵(7~8g)

+

멸치(중간 크기)
10마리

+

다시마
(10×10cm 크기)
1~2장

무
지름 10cm,
두께 1cm(100g)

+

양파
1/4개

+

대파 뿌리 5개
(또는 대파 약 2대)

+

건고추
2개

통후추
1작은술

+

청주
1/4컵(50㎖)

+

물
15컵(3ℓ)

1 북어대가리, 건새우, 머리와 내장을 떼어낸 멸치, 다시마를 기름을 두르지 않고 달군 팬에 중약 불에서 1~2분간 볶는다.
* 모든 재료를 내열 접시에 넓게 펼쳐 담아 전자레인지에서 1~2분간 데워도 돼요.

2 냄비에 다시마를 뺀 나머지 재료를 넣고 30분간 두었다가 센 불에서 끓인다. 끓어오르면 약한 불로 줄여 뚜껑을 반 정도 열리게 걸쳐 놓고 40분간 더 끓인다. 다시마를 넣고 5분간 더 끓인다. 거품은 계속 걷어낸다.

3 식힌 후 체에 밭쳐 건더기를 건져내고 밀폐용기에 넣어 냉장 보관한다.

채소국물

● 1~2시간 / 10컵(2ℓ) / 냉장 3~4일

채소 특유의 단맛과 건표고버섯, 다시마의 감칠맛이 어우러져 부드러운 맛이 나는 밑국물이에요.
자투리 채소들로 넉넉히 만들어 냉장고에 넣어두면 다양한 국물요리에 활용할 수 있어요.

무
지름 10cm,
두께 1cm(100g)

+

양파
1/2개

+

대파 1대
(또는 대파 뿌리 3개)

다시마
(10×10cm 크기)
1~2장

+

건표고버섯
3개

+

건고추
1~2개

물
12와 1/2컵(2.5ℓ)

1
모든 재료를 물에 30분~1시간 담가둔다.
너무 큰 재료는 2~3등분한 후 넣는다.

2
냄비에 ①을 넣고 센 불에서 끓어오르면
다시마를 건진다. 약한 불로 줄여
30~40분간 더 끓인다.

3
식힌 후 체에 밭쳐 건더기를 건져내고
밀폐용기에 넣어 냉장 보관한다.

쇠고기육수

• 1시간 40~50분 / 11컵(2.2ℓ) / 냉장 3~4일

쇠고기는 센 불에서 단시간 끓이면 국물이 탁해져요. 약한 불에서 오래 뭉근하게 끓여야 고기 맛이 제대로 우러납니다.
국물 낸 고기는 잘게 찢거나 결 반대 방향으로 썰어서 국물요리에 건더기로 활용하세요.

쇠고기 (사태, 양지, 설도, 설기살 등) 300g + 다시마 (10×10cm 크기) 1~2장 + 무 지름 10cm, 두께 1cm(100g) + 양파 1/2개

대파 1대 + 마늘 5쪽 + 편 썬 생강 1~2조각 + 통후추 1큰술

청주 1/3컵(약 70ml) + 물 15컵(3ℓ)

1 쇠고기는 3~4토막 낸 후 찬물에 30분 이상 담가 핏물을 뺀다.

2 냄비에 모든 재료를 넣고 센 불에서 끓인다. 끓어오르면 약한 불로 줄인다. 뚜껑이 1/3 정도 열리게 걸쳐 놓고 40~50분간 뭉근하게 더 끓인다. 이때 거품은 계속 걷어낸다.

3 냉장실에서 차게 식힌다. 체에 면보를 깔고 받쳐 건더기를 건져내고 육수는 밀폐용기에 담아 냉장 보관한다.

* 육수를 냉장실에서 차게 식혀야 기름기가 굳어서 담백한 육수를 얻을 수 있어요.

그밖의 국물

조개국물
조개국물은 끓이는 시간이 오래 걸리지 않기 때문에 요리할 때 바로 국물을 내요. 보통 시원하고 깔끔한 국물 맛을 내는 바지락과 모시조개를 많이 쓰는데, 모시조개는 바지락보다 가격이 비싸지만 크기가 크고 더 시원한 맛을 냅니다. 대체 시 바지락과 같은 중량만큼 넣으면 돼요. 구입할 때는 살아있고 입이 굳게 닫혀있으며 광택이 나는 것을 고르세요. 껍데기가 깨진 것, 탁한 것, 냄새가 나는 것은 피하세요.
물에 담겨 파는 해감 조개가 아니라면, 69쪽을 참고해 해감 후 요리하세요. 조개는 껍데기에 짠맛이 많이 남아있으니 요리 전 찬물에 1~2회 헹구세요. 조개에 따라 염도가 다르니, 마지막에 맛을 본 후 간을 하세요. 너무 짜다면 찬물이 아닌 끓는 물을 부어 염도를 조절하세요. 그래야 조개와 채소 등이 더 익어 질겨지거나 물러지지 않아요.
남은 조개는 해감하고 세척한 후 깨끗한 물에 담아 함께 얼리세요. 사용하기 전날 냉장실로 옮겨 하루 정도 자연해동해서 쓰면 됩니다. 시간이 없다면 얼린 물과 함께 그대로 끓이세요.

가다랑어포(가쓰오부시)국물
가다랑어포(가쓰오부시)는 가다랑어를 훈제한 후 말려서 발효시킨 다음 얇게 썬 것으로 주로 일본 요리에 쓰여요. 감칠맛과 훈연 향이 특징이랍니다.
일반적인 일식풍 가다랑어포국물은 다시마, 물, 가다랑어포만 사용하는데요, 본 책에는 한식에 어울리도록 멸치를 추가했습니다. 가다랑어포는 찬물에 넣고 끓이면 국물이 탁해지고 떫은맛이 나므로 다시마국물(또는 멸치국물)을 끓인 후 불을 끄고 가다랑어포를 넣어 우려내야 합니다.

쌀뜨물
쌀뜨물은 쌀을 씻을 때 나오는 물로, 쌀의 전분이 국물에 우러나와 연한 숭늉처럼 구수한 맛이 나요.
깔끔한 맛이 특징인 맑은 국물요리보다 된장, 고추장으로 맛을 내는 진한 맛의 국물요리의 밑국물로 주로 활용되는데, 쌀뜨물의 은은한 단맛이 장 특유의 떫은맛과 짠맛을 누그러뜨린답니다. 쌀뜨물은 보통 쌀을 헹굴 때 3~4번째 나온 물을 활용하면 돼요.

밑국물 잘 식히기
완성된 밑국물은 바로 사용할 것이 아니면 찬물(또는 얼음물)에 냄비째 담가두거나, 선풍기 바람으로 식히도록 하세요. 그 다음 밀폐용기에 넣어 냉장(또는 냉동) 보관하세요. 뜨거운 상태로 냉장고에 넣으면 다른 식재료가 상할 수 있습니다.

밑국물 보관하기
밀폐용기에 담아 **냉장실에서 3~4일, 김치냉장고에서 7일까지** 보관할 수 있어요. 밑국물은 간이 되어 있지 않아 빨리 상할 수 있으니 **더운 여름에는 2~3일 안에** 최대한 빨리 활용하세요.
냉동 시 1개월 정도 보관이 가능해요. 이때는 밑국물을 식힌 후 한 번 요리할 분량씩 밀폐용기에 나눠 담아 얼려야 해요. 냉동한 밑국물은 사용하기 전날 냉장실로 옮겨서 해동하세요.

SOS! 부족한 밑국물 해결하기

레시피대로 했는데 밑국물이 적게 나왔다면?
냄비 크기나 두께, 불 세기 등에 따라 끓으면서 증발되는 물의 양이 달라질 수 있어요. 완성된 밑국물이 레시피에 제시된 것보다 적게 나왔다면 농도가 진하게 된 것이니 부족한 분량만큼 물을 추가해 맞추면 돼요.

밑국물이 부족하거나 없다면? 초간단 다시마국물 만들기
국물요리에 두루 어울리고 빨리 만들 수 있는 초간단 다시마국물을 활용하세요.
다시마(10×10cm 크기) 2장을 가로로 가늘게 채 썰어 내열용기에 넣어요. 물 5컵(1ℓ)을 붓고 뚜껑을 연 채 전자레인지에서 7~8분간 데웁니다. 맛이 우러나도록 10분간 두었다가 쓰면 돼요.

명랑쌤 비법 레슨 3

밑국물에 가장 많이 쓰이는 기본 재료 14가지

밑국물 재료들은 각각 역할이 있습니다. 건어물이나 버섯은 감칠맛, 채소는 시원한 맛이나 은은한 단맛을 더하지요. 통후추나 생강, 술 등은 잡내를 잡아주고요. 이 재료들이 잘 어우러져야 완성도 높은 밑국물이 됩니다. 이 재료들을 잘 고르고 보관하는 방법을 소개합니다.

다시마
부드럽고 은은한 감칠맛을 내 밑국물에서 천연조미료 역할을 해요. 두껍고 검은빛이 도는 것을 고르세요. 흰 가루는 다시마 특유의 맛을 내는 성분이니 있는 것이 좋아요. 노란빛이 돌거나 윤기가 없는 것은 피하세요. 흰 가루가 떨어지지 않게 젖은 행주나 키친타월로 살살 닦은 후 쓰기 좋게 잘라 지퍼백(또는 밀폐용기)에 넣어 냉장실 또는 통풍이 잘 되는 서늘한 그늘에 보관하세요.

멸치
구수한 맛과 시원한 감칠맛을 내요. 밑국물 내기에 적합한 멸치는 중간 크기로 껍질에 투명한 은빛이 돌고 몸이 약간 구부러진 것이에요. 약간 구부러진 멸치가 살아있을 때 삶아 말린 것이라 더 신선하지요. 껍질이 벗겨지거나 부스러기가 많은 것, 오래된 것은 피하세요. 기름을 두르지 않고 달군 팬에 바삭할 정도로 살짝 구워 물기를 날린 후 지퍼백(또는 밀폐용기)에 넣어 냉동 보관하세요.

건새우
국물에 달콤한 맛과 깊은 풍미를 내는 건새우는 분홍색이 돌고 살이 통통하게 오른 것을 고르세요. 윤기가 없고 부스러기, 흰 가루가 있는 것은 피하세요. 기름을 두르지 않고 달군 팬에 재빨리 구워 살짝 털어낸 후 수염, 가시를 떼어낸 다음 사용하세요. 지퍼백(또는 밀폐용기)에 넣어 냉동 보관하세요.

북어 또는 황태대가리
북어와 황태 모두 명태를 말린 것이에요. 북어가 육풍이나 기계로 말린 것이라면, 황태는 겨울이 특히 추운 해안 지역에서 명태가 얼었다 녹았다를 반복하며 해풍으로 말린 것으로 황색(노란색)을 띠지요. 두 재료 모두 개운한 국물 맛을 내요. 잘 마르고 쿰쿰한 냄새가 나지 않는 것을 고르세요. 통으로 된 것보다 펼쳐진 형태의 북어대가리를 사용하면 더 깔끔하고 구수한 밑국물을 완성할 수 있어요. 안쪽의 내장을 감싸는 검은 막은 쓴맛을 내므로 떼어내고 요리 전, 전자레인지(또는 오븐)에 2분 정도 데우세요. 지퍼백(또는 밀폐용기)에 넣어 냉동 보관하세요.

쇠고기
쇠고기는 진하고 깊은 육수를 낼 때 사용해요. 잡내는 청주, 마늘, 생강, 통후추, 건고추 등과 끓여 없애지요. 이 재료들은 국물 맛도 풍부하게 해줘요. 고기는 육수를 낼 땐 큼직하게 썰어 넣고, 완성 후엔 잘게 찢어 요리에 넣기도 해요. 육수용 쇠고기를 고를 때는 붉은빛이

돌고 탄력이 있는 것이 좋아요. 표면이 미끌미끌하고 시큼한 냄새가
나는 것은 피하세요. 남은 고기는 공기와 접촉되지 않게 랩으로 감싸
냉장실에서는 2~3일, 냉동실에서는 6개월 정도 보관할 수 있어요.
다진 고기는 쉽게 상하니, 냉장 보관도 1~2일을 넘기지 마세요.

무

속이 풀리는 특유의 시원하고 달큰한 국물 맛을 내요.
윤기가 돌고 단단하고 상처가 없는 것을 고르세요.
김장철에 나오는 겨울 무가 가장 맛이 좋답니다. 부위에 따라
다른 맛이 나는데, 흰 부분은 시원한 맛이 나고 무청이 달린
푸른 부분은 단맛이 더 강합니다. 남은 무는 물기를 없앤 후
랩으로 감싸 냉장실 채소칸에 보관하세요. 방금 사온 무는
흙을 닦지 말고 랩이나 종이로 감싸 서늘한 그늘에 보관해도 됩니다.

양파

국물에 은은한 단맛이 나게 해줘요. 단단하며 묵직하고 껍질이 잘
마른 것을 고르세요. 무른 것은 피하세요. 밀봉하지 않고 망에 담긴
채로 통풍이 잘 되는 서늘한 그늘에 보관하세요. 껍질을
벗긴 상태라면 지퍼백(또는 밀폐용기)에 넣어 냉장 보관하세요.

대파

특유의 알싸한 맛이 국물요리의 느끼함을 잡아주며 달큰하고 시원한
맛이 나게 해요. 색이 선명하고 윤기가 나며 전체적으로 곧게 뻗은
것을 고르세요. 밑국물 낼 때는 큼직하게 썰어 넣으세요. 대파 뿌리도
국물 낼 때 함께 넣으면 맛을 진하게 해줘요. 단, 뿌리 사이사이에 흙이
많이 끼어있으니 물에 불렸다가 흐르는 물에 꼼꼼하게 세척하세요.
남은 대파는 물기를 없앤 후 밀폐용기에 키친타월을 깔고 알맞은
크기로 잘라 담은 후 냉장 보관하세요. 송송 썰어 지퍼백에 담아
냉동 보관했다가 국물이나 볶음요리에 활용해도 돼요.

마늘

밑국물에 은은한 매운맛과 재료의 잡내를 없애 깔끔한 맛을
더해줘요. 단단하고 상처가 없으며 마늘 사이에 골이 선명한 것을
고르세요. 특유의 매운 향이 강한 것이 좋아요. 싹이 나거나 무른 것은
피하세요. 밑국물을 낼 땐 썰지 말고 통째로 넣으면 돼요.
껍질 있는 통마늘은 망에 넣어 서늘한 그늘에 매달아 보관하세요.
깐 마늘은 세척 후 물기를 닦은 다음 지퍼백(또는 밀폐용기)에 넣어
냉장 보관하세요. 다져서 설탕(또는 소금) 약간을 섞어
냉장 보관하면 변색을 막을 수 있어요.

생강

생강은 밑국물 재료의 잡내를 줄이고 특유의 풍미로 입맛을
돋웁니다. 단단하고 여러 조각이 붙어 있으며 매운맛과 향이
강한 것을 고르세요. 검은 반점이 있거나 썩은 부분이 있는 것은
피하세요. 물로 흙과 이물질을 씻어낸 후 칼(또는 숟가락)로 껍질을
벗겨 사용하세요. 미리 물에 15~20분간 불리면 껍질이
더 잘 벗겨집니다. 흙이 묻은 상태로 봉투에 담아 냉장실 채소칸에
보관하세요. 용도에 맞게 손질한 후 지퍼백에 넣거나
젖은 키친타월로 감싸 냉장 보관하세요. 마늘보다 쉽게 상하니
2주 이상 보관 시 냉동하세요.

건고추, 베트남고추

건고추는 밑국물의 느끼한 맛을 잡아주고 매콤한 맛을 내요.
매끈하고 주름이 없으며 색이 선명한 것을 고르세요.
꼭지가 떨어졌거나 부스러기가 많은 것, 검은빛이 도는 것은
피하세요. 베트남고추는 건고추보다 더 맵지만 텁텁하지 않고
뒷맛이 깔끔합니다. 진한 붉은빛이 돌고 덜 부서진 것을 고르세요.
건고추, 베트남고추 둘 다 실온에 보관하면 색이 변하므로
지퍼백(또는 밀폐용기)에 넣어 냉장 또는 냉동 보관하세요.

건표고버섯

감칠맛과 향이 좋아 천연조미료로 손색이 없는 재료예요.
동글동글하고 두툼하며 색이 선명한 것을 고르세요. 보통 물에
불려 사용하지만 밑국물을 만들 때는 이 과정을 생략하고 바로
물에 넣어도 됩니다. 건표고버섯이 끓으면서 맛있는 성분이
우러나오거든요. 지퍼백(또는 밀폐용기)에 넣어 서늘한 실온에
보관하세요.

통후추

매콤한 향이 나는 통후추는 잡내가 날 수 있는 재료로
국물을 낼 때 주로 활용해요. 특히 고기로 국물을 낼 때
꼭 들어가는 재료랍니다. 실온에 보관하세요.

청주

요리에 청주를 넣고 끓이면 알코올 성분과 재료의 잡내가 함께
날아가요. 육류, 해산물을 넣은 요리에 주로 사용하지요.
소주로 대체해야 한다면 1/4컵까지는 괜찮지만 그 이상이 되면
국물에 쓴맛이 우러나올 수 있으므로 권하지 않아요. 맛술은 알코올
함량이 낮기 때문에 청주를 대체하기에 적절하지 않습니다.

명랑쌤 비법 레슨 4

국물요리에 가장 많이 쓰이는 기본 양념 10가지

국물요리의 간을 맞추면서 풍부한 맛까지 더해주는 여러 가지 양념들.
각각의 양념을 어떻게 활용해야 국물요리의 완성도가 높아질지 명랑쌤에게 배워보세요.

소금
굵은소금, 꽃소금, 구운 소금 등 다양한 소금이 판매되는데 본 책에선 꽃소금을 사용했어요. 깔끔한 맛의 국물요리는 소금으로만 간을 맞추면 좋고, 그 외 국물요리는 마지막 과정에 부족한 간을 맞출 때 사용하세요. 구운 소금처럼 입자가 작은 소금으로 대체 시 레시피대로 넣으면 짤 수 있으니 적힌 분량의 70~80%만 넣으세요.

국간장
소금이 깔끔한 짠맛이라면, 국간장은 감칠맛 도는 짠맛이라 국물요리에는 두 가지를 섞어 간을 맞출 때가 많아요.
단, 국간장은 색을 탁하게 만들기 때문에 맑은 국물에는 소량 넣거나, 넣지 않아요. 국간장은 끓일수록 맛이 깊어지니 마지막 과정에 넣기보다 끓이는 중간에 넣는 경우가 많습니다. 해물 순두부찌개(68쪽), 육개장(85쪽) 등 국물이 진한 요리에 단맛이 도는 양조간장과 혼합해 사용하기도 하지요.

액젓
멸치액젓이나 까나리액젓 등은 강한 감칠맛을 가지고 있어서 소금, 국간장만으로 맛이 부족할 때 활용해요.
단, 특유의 비린 맛이 있으니 레시피대로 풍미를 살릴 정도로 약간만 넣는 것이 좋아요. 액젓 향이 싫다면 국간장과 소금으로 대체하면 됩니다.

새우젓
소금에 절인 새우가 발효 및 숙성되면서 특유의 풍미와 함께 구수한 맛, 달큰한 맛, 짠맛이 나는 양념이에요. 국물요리에 넣으면 감칠맛은 물론 시원한 맛도 내요. 김치 콩나물국(34쪽)과 같은 맑은 국물요리 등에 활용하면 맛이 훨씬 더 풍부해집니다.

참치액
참치, 다시마, 양파, 멸치, 버섯 등을 국간장의 염도로 발효시킨 장이에요. 풍미가 좋아서 소금이나 국간장을 대체하거나 깊은 맛을 내기 위해 마지막 과정에 약간 넣어도 좋아요. 브랜드에 따라 훈연 향이나 인공첨가물이 다르니 구매 시 확인하세요. 시판 제품 중에는 '진참치액'이 MSG가 없고 풍미가 은은해 즐겨 쓰고 있어요. 특히 국물요리에 추천해요.

된장, 고추장
된장은 구수한 감칠맛을, 고추장은 매콤하면서도 달콤한 감칠맛을 더해주어 입에 착 감기는 맛을 완성합니다. 본 책에서는 시판 브랜드 제품을 사용했는데요, 집이나 공방에서 재래식으로 만든 것은 염도, 당도, 감칠맛 등에 차이가 나니 맛을 보고 분량을 조절하세요. 보통 재래 된장과 고추장이 시판 제품보다 염도는 높고 단맛은 적은 편이에요. 대체 시 분량을 약간 줄이고 단맛이 나는 채소(양파, 대파 등)나 양념(설탕, 맛술 등)을 조금 더하세요. 된장은 발효 과정에서 좋지 않은 잡내가 나는 경우가 있으니, 레시피대로 국물을 넣기 전 볶아 잡내를 날리면 좋아요.

고춧가루, 홍고추, 청양고추
고춧가루는 먹음직스러운 붉은색과 매운맛을 내지만 많이 넣으면 국물의 색과 맛을 탁하고 텁텁하게 만들어요. 고춧가루를 적정량 넣고 홍고추, 청양고추를 송송 썰어 넣으면 푸짐해 보이고, 깔끔한 매운맛을 더할 수 있지요.
단, 생고추는 오래 끓이면 색이 바래고 흐물흐물해지므로 마지막 과정에 넣고 짧게 끓이세요.

후춧가루
고기의 누린내, 해산물의 비린내를 감춰주면서 특유의 풍미를 더하는 후춧가루는 휘발성을 띠므로 요리가 완성되기 직전에 넣어야 해요. 본 책의 국물요리는 물론, 한식에는 통후추를 갈아 넣기보다 갈아져 판매하는 고운 후춧가루가 어울려요.

설탕, 매실청
설탕은 김치가 들어가는 국물요리에서 김치 특유의 신맛을 부드럽게 하고 감칠맛을 더하는 역할을 해요.
매실청은 냉국, 초계탕 등의 국물을 만들 때 설탕, 식초와 함께 넣으면 새콤달콤하면서 은은한 풍미가 더해져 국물이 더 맛있어집니다. 매실청은 집집마다, 제품마다 맛의 차이가 있으니 레시피보다 조금 적게 넣은 후 맛을 보며 추가하세요.

참기름, 들기름
참기름은 달걀이 들어가는 국물요리에서 달걀의 비린내를 잡아줘요. 달걀을 풀 때 소량 넣으면 좋아요.
들기름은 국물 맛을 고소하면서도 깊게 해주지요. 매생이, 미역 등의 해조류, 고기, 해산물, 김치 등으로 국물요리를 만들 때 이들 재료를 먼저 들기름에 볶은 후 밑국물을 부어 끓이세요.
단, 들기름은 발연점이 낮으니 센 불에서 오래 볶으면 안 돼요.

 ### 국물 풍미를 진하게 만드는 2가지 비법 재료

더 진하고 감칠맛 나는 국물요리를 만들고 싶다면? 다음 재료들을 추가해보세요. 지금껏 먹었던 국물요리가 이 재료들 덕분에 더 깊은 풍미를 낼 거예요.

건홍합
물에 1~2큰술 더해서 끓이면 농축된 맛 성분이 우러나와 조미료를 넣은 것처럼 국물 맛이 진해져요.
색이 선명하고 부스러기가 많지 않은 것을 고르세요. 밀봉해 냉동 보관하세요.

보리새우
향이 풍부해 적은 양으로도 해산물의 깊은 풍미를 낼 수 있어요. 밑국물 낼 때 넣어도 되고, 국물 양념에 1~2큰술 더해도 좋아요.
색이 선명하고 윤기나는 것을 고르고 부스러기가 많은 것은 피하세요. 밀봉해 냉동 보관하세요.

Q&A 명랑쌤! 이럴 때 어떻게 해야 하나요?

Q 조금 번거로운데, 밑국물을 만든 후 꼭 체에 밭쳐야 하나요? 건더기만 건지면 안 되나요?

A 건더기만 건질 경우, 국물에 부유물이 있어서 깔끔한 밑국물을 완성하기 어렵답니다. 번거롭더라도 체에 밭쳐 밑국물을 준비하세요. 고기를 넣지 않고 만든 밑국물(다시마국물, 채소국물, 북어국물)은 다 끓인 후 그대로 두어 30분간 식힌 다음 윗물만 조심히 체에 밭쳐 따르세요. 하지만 닭, 돼지고기, 쇠고기를 넣고 만든 육수는 이 방법만으로는 부족해요. 육수를 냉장실에서 차게 식혀 기름기까지 단단하게 굳히고 체에 면보도 깔아야 합니다. 이렇게 하면 국물을 탁하게 만드는 단백질 성분의 부유물은 물론, 기름기도 분리되어 아주 담백한 육수를 얻을 수 있습니다.

Q 밑국물 내고 남은 다시마, 채소, 버섯, 고기 등은 모두 버려야 할까요? 활용하는 방법은 없나요?

A 밑국물 낼 때 들어간 채소들은 대부분 뭉개지거나 부서져서 활용하기 곤란해요. 단, 무나 건표고버섯은 상태에 따라 찬물에 헹군 후 먹기 좋게 썰어 국물요리 건더기로 활용해도 돼요. 육수 낸 쇠고기는 얇게 썰어 겨자 초간장에 찍어 수육으로 즐기거나, 장조림을 만들어도 좋아요. 잘게 썰어 양념에 무쳐 고명으로 올려도 되지요. 살짝 끓이는 다시마도 미끈거리는 성분을 씻은 후 잘게 썰어 고명이나 간장에 살짝 조려 반찬으로 먹어도 맛있어요.

Q 자극적인 외식 메뉴에 익숙해진 탓인지 남편은 우리 집 국이나 찌개에 감칠맛이 좀 부족하다고 하네요. 감칠맛을 올리는 비법을 알려주세요.

A 맛있는 국물요리를 완성하려면 적지 않은 재료와 시간, 노력 등이 들어가지요. 그러다 보니 일부 식당에서는 손쉽게 맛을 내는 강한 감칠맛의 인공조미료를 활용하기도 해요. 따라서 외식에 입맛이 길들여지면 밖에서 먹었던 메뉴에 비해 맛의 강도나 자극이 약할 경우 감칠맛이 부족하다고 느끼고, 재료 자체의 맛을 제대로 즐기지 못하게 돼요. 그렇다고 부족한 맛을 참고 먹으라고 할 수는 없는 법! 가정에서도 감칠맛을 보완할 방법이 있습니다. 우선 레시피대로 요리하고, 마지막 과정에서 간을 맞출 때 소금, 국간장은 물론 풍미가 좋은 액젓, 참치액, 새우젓 등을 약간씩 섞어 넣으세요. 한 가지만 넣을 경우, 풍미가 한쪽으로 강해질 수 있으니 조금씩 섞어 균형을 맞추는 것이 중요해요. 국물의 맛이 진해지기 때문에 밖에서 사 먹는 것처럼 맛있다고 느낄 거예요.

Q 국간장으로 간을 하면 깊은 맛이 난다고 해서 국물요리에 꼭 넣는데, 아무래도 색이 칙칙해져요. 맛은 살리면서 칙칙하지 않게 하는 방법 없을까요?

A 국간장과 소금을 적절히 섞어 넣는 게 중요해요. 국간장이 국물의 색에 영향을 주지 않을 만큼만 넣으세요. 국간장으로 풍미를 냈으니 부족한 간은 소금으로 맞추면 됩니다. 그래도 색이 칙칙해 보인다면 국간장은 생략하고 소금으로만 간을 맞추세요. 이때 부족한 풍미는 황태가루, 홍합가루, 버섯가루 등 천연 가루로 더해도 됩니다.

Q 황태, 새우, 멸치, 다시마, 표고버섯 등 시중에 천연 가루를 많이 파는데요, 집에서 좋은 재료로 직접 만들고 싶어요. 어떻게 만들고, 보관해야 할까요?

A 천연 가루 만들기의 핵심은 물기를 완전히 없애는 거예요. 그래야 저장 기간도 길어집니다. 기름을 두르지 않고 달군 팬에 재료를 넣고 중약 불에서 살짝 구워주세요. 물기가 거의 없고 바삭바삭해지면 완전히 차게 식혀서 분쇄기에 곱게 갑니다. 밀폐용기에 넣어 냉동 보관하세요. 방부제나 식품 보존료가 들어있지 않기 때문에 실온에 오래 두면 좋지 않은 냄새가 날 수 있으니 꼭 냉동 보관하세요.

Q 남은 국물요리를 데우면 맛이 확실히 떨어지네요.
　 짠맛도 강해지고요. 방금 만든 것과 차이는 나겠지만,
　 맛을 좀 더 잘 유지하면서 데우는 비법이 있을까요?

A 남은 국물요리를 먹을 때마다 끓이면 국물이 졸아들어
　 점점 짜게 느껴질 수밖에 없어요. 이럴 때는 밑국물을 더 넣고
　 끓이세요. 이때 밑국물은 따로 끓이거나 데워서 뜨거운
　 상태로 추가하는 것이 중요해요. 차가운 상태로 넣으면
　 국물을 끓이는 시간이 늘어나서 남은 건더기가 너무
　 물러지거든요. 남은 밑국물이 없다면 전자레인지로 만드는
　 초간단 다시마국물(17쪽)을 활용하세요.
　 만약 국물요리의 건더기가 이미 너무 물러져 있다면,
　 건더기는 체에 밭쳐 따로 두고 남은 국물만 밑국물을 더해
　 먼저 끓이세요. 끓어오르면 체에 밭쳐 놓은 건더기를 넣고
　 살짝만 데우면 됩니다.

Q 국물요리가 너무 많이 남았어요! 어떻게 보관할까요?

A 자꾸 재가열을 하면 맛이 떨어지니 1회분씩 밀폐용기에 나눠
　 담아 냉장 보관하세요. 3~4일 정도 보관 가능해요.
　 그 이상 보관하려면 냉동 보관했다가 먹기 전날 냉장실로 옮겨
　 해동하세요. 1개월 정도 보관 가능해요.

Q 국물은 없고 건더기만 남았어요.
　 남은 건더기를 맛있게 먹는 법을 알려주세요.

A 남아있는 건더기는 국물이 배어 맛있는 상태일 테니,
　 알맞게 썰어 밥에 넣어 덮밥이나 비빔밥처럼 즐겨보세요.
　 단, 이것만 올려 먹으면 부족할 수 있으니
　 고추장이나 간장, 참기름이나 들기름, 김가루, 달걀 프라이,
　 어린잎 채소 등을 더하세요. 맛있는 한 그릇 별미가 후다닥
　 완성될 거예요.

Q 더 맛있는 국물요리를 위해
　 어떤 냄비를 선택하면 좋을까요?

A 우선 알루미늄 냄비는 염분이 많은 국물을 끓이면
　 유해 성분이 나올 수 있으니 사용하지 마세요.
　 반면 스테인리스 냄비는 위생적이고 염분에도 강하기
　 때문에 국물요리에 좋아요. 무쇠나 코팅 냄비도
　 좋은데, 녹슬거나 코팅이 벗겨진 경우에는 오래 끓일 때
　 나쁜 성분이 우러날 수 있으니 주의하세요.
　 국물요리를 식탁에서도 뜨겁게 먹으려면 열이 오랫동안
　 유지되는 뚝배기도 좋아요. 특히 찌개의 경우에는
　 뚝배기에 끓여 그대로 식탁에 올려 먹으면 맛있지요.
　 다만 뚝배기는 세척 시 음식물 찌꺼기나 세제가
　 스며들 수 있어요. 요리 전 연한 소금물을 넣고
　 한 번 끓인 후 물을 버린 다음 사용하세요.
　 설거지는 세제 대신 밀가루를 사용해 문지르세요.

Q 망한 국물요리를 되살릴 수 있을까요? 국물이 너무 많아
　 한강이 된 국이나 너무 짜게 된 찌개 같은 것들이요.

A 국물이 너무 많다면, 국물을 레시피 분량대로 남기고
　 나머지는 따로 덜어낸 후 요리를 이어가는 것이
　 안전해요. 국물 분량에 맞춰 건더기와 양념 등을
　 늘렸다가 재료 익는 시간 등의 차이로 많은 양의
　 국물요리를 망칠 수 있어요. 덜어둔 국물은 밀폐용기에
　 넣어 냉동했다가 나중에 비슷한 국물요리에 활용하세요.
　 또한 국물이 너무 짜면 미리 만들어둔 밑국물을 뜨겁게
　 데워 추가하세요. 이때 밑국물은 맛이 강하지 않은
　 다시마국물(12쪽), 북어국물(14쪽)이 적합해요.

기본 가이드 ___ 23

레시피 따라 하기 전에 알아두세요!

계량도구로 계량하기

1컵 = 200㎖
1작은술 = 5㎖
1큰술 = 15㎖

1큰술(15㎖)
= 1/2큰술 × 2
= 1작은술 × 3
= 밥숟가락 수북이 가득

1컵(200㎖)
= 종이컵 가득

재료	 간장, 포도씨유 등 액체나 기름 재료	 소금, 설탕 등 가루 재료	 고추장, 된장 등 되직한 재료	 콩, 견과류 등 알갱이 재료
계량컵	평평한 곳에 올린 후 가장자리가 넘치지 않을 정도로 담아요.	누르지 않고 가볍게 담은 후 윗부분을 평평하게 깎아요.	빈 공간이 없도록 가득 담은 후 윗부분을 평평하게 깎아요.	꾹꾹 눌러 가득 담은 후 윗부분을 깎아요.
계량스푼	가장자리가 넘치지 않을 정도로 담아요.			

[계량스푼으로 1/2큰술, 1/2작은술 계량하기]

가루나 되직한 재료
1큰술 또는 1작은술을 담은 후 사진과 같이 한쪽으로 밀어 원하는 양만큼만 남깁니다.

액체나 기름 재료
대부분의 계량스푼은 가운데에 선이 있어요. 이는 1/2분량을 나타내지요. 선의 기준으로 조정하세요.

손대중량·컵대중량으로 계량하기

숙주·콩나물 1줌(50g)

시금치 1줌(50g)

미나리 1줌(70g)

쑥갓 1줌(50g)

느타리버섯 1줌(50g)

애느타리버섯 1줌(50g)

배추김치 1컵(150g)

북어채·황태채 1컵(20g)

[다진 채소 양 체크하기] 다진 채소 1큰술을 만들기 위해 원재료가 얼마나 필요한지 알아두면 요리할 때 편해요.

대파 5cm(흰 부분, 10g)
= 다진 파 1큰술

마늘 2쪽(10g)
= 다진 마늘 1큰술

생강 2톨(마늘 크기 기준, 10g)
= 다진 생강 1큰술

양파 1/20개(10g)
= 다진 양파 1큰술

불 세기 맞추기

가스레인지를 기준으로 불꽃과 냄비(팬) 바닥 사이의 간격을 기준으로 조절해요. 단, 집집마다 종류나 화력이 다를 수 있으니 상태를 보며 조절하세요.

불꽃과 냄비(팬) 사이의 간격이 중요해요.

센 불 불꽃이 냄비 바닥까지 충분히 닿는 정도
중간 불 불꽃과 냄비 바닥 사이에 0.5cm 가량의 틈이 있는 정도
중약 불 약한 불과 중간 불의 사이
약한 불 불꽃과 냄비 바닥 사이에 1cm 가량의 틈이 있는 정도

인분수 조절하기

재료 원하는 분량에 비례하여 양을 줄이거나, 늘리세요.

물(밑국물)과 양념 원하는 분량에 비례하여 물이나 양념의 양을 조절하면 싱겁거나 짤 수 있어요. 조리 시 증발되는 수분, 조리도구에 묻는 양념의 분량은 거의 비슷하기 때문이에요. 아래를 참고하세요!

반으로 줄일 때는 물(밑국물)과 양념은 여유 있게 준비하세요. 먼저 비례대로 반으로 줄여 넣은 후 농도와 맛을 보며 기호에 맞춰 물과 양념을 추가하세요.

늘릴 때는 물과 양념을 비례대로 늘려 준비하되, 먼저 준비한 양의 70~80% 정도만 넣고 농도와 맛을 보며 물과 양념을 추가하세요.

불 세기와 조리시간 분량이 줄거나 늘어도 불 세기는 동일해요. 조리시간은 분량에 따라 줄이거나 늘려야 해요.
단, 비례하여 줄이거나 늘리면 요리에 실패할 수 있으니, 조리되는 상태를 보며 조절하세요.

깔끔한 국물로 더 맛있게 즐기는
국

국은 국물이 넉넉한 것이 특징이에요.
조화로운 맛을 위해 이상적인 비율은
국물 : 건더기가 3 : 1 정도.
국물의 비중이 크기 때문에 국을 끓일 때는
밑국물에 조금 더 신경을 쓰세요.
이때 건더기와 어울리는 밑국물을 고르는 게 중요해요.
구수한 국물에는 쌀뜨물, 진한 국물에는 고기육수,
깔끔한 국물에는 다시마국물, 북어국물, 채소국물이 어울려요.
단, 고기가 주재료인 경우 건어물로 만든 밑국물을 넣으면
어울리지 않으니 추천하지 않는답니다.
국은 국물이 깔끔해야 보기에도 좋고 맛도 좋지요.
감자처럼 익으면서 부서지기 쉬운 재료는
미리 소금물에 담가두어 살짝 단단하게 해서 넣으세요.
또한 달걀을 풀어 넣는 경우에는 달걀이 익은 후
살살 저어줘야 국물이 탁해지지 않는답니다.
마지막으로 간을 맞출 때는 국물을 많이 먹는 음식이니
찌개보다 슴슴하게 하세요.

어떠한 반찬에도 잘 어울리는 깔끔한 맛
맑은 감자국

- 3~4인분
- 45~50분
 (+ 북어국물 만들기
 1시간 20~30분)

명랑쌤 비법 1 감자 덜 부서지게 익히기
감자를 미리 소금물에 30분 정도 담가두면 간도 배고 살짝 단단해져 익힐 때 덜 부서져요.

명랑쌤 비법 2 국물을 맑게 끓이려면?
과정 ⑤에서 달걀을 넣고 바로 저으면 국물이 탁해져요.
달걀이 익을 때까지 기다렸다가 저어야 국물이 맑게 완성돼요.

- 감자(중간 크기) 3개
- 양파 1/2개
- 대파(흰 부분) 20cm
- 청양고추 1개
- 달걀 2개
- 참기름 1/4작은술
- 북어국물 7과 1/2컵
  (또는 멸치국물, 1.5ℓ)
  * 밑국물 내기 14쪽

양념
- 다진 마늘 1큰술
- 맛술 1큰술
- 국간장 1큰술
- 참치액 1큰술
- 소금 약간
- 후춧가루 약간

1 감자는 1cm 두께로 먹기 좋게 썰어 소금물(물 5컵 + 소금 2큰술)에 30분간 담가둔 후 흐르는 물에 헹궈 소금기를 없앤다. 양파는 1cm 두께로 채 썬다. 대파, 청양고추는 얇게 어슷 썬다.

2 볼에 달걀과 참기름을 섞은 후 체에 내린다.

3 냄비에 북어국물을 넣고 센 불에서 끓어오르면 감자, 양파를 넣는다. 다시 끓어오르면 중간 불로 줄여 5~7분간 더 끓인다.

4 대파, 청양고추, 양념 재료를 넣고 3분간 끓인다.

5 ②의 달걀을 살살 부은 후 1분간 젓지 말고 그대로 익힌다.

6 달걀이 익으면 살살 저은 후 국물이 끓어오르면 바로 불을 끈다.

달큼한 애호박과 감칠맛 나는 국물이 조화로운
새우젓 애호박 두부국

- 3~4인분
- 40~45분

명랑쌤 비법 새우젓 잡내 없애기
새우젓은 감칠맛을 더해주지만 특유의 비린내와 보관하면서 생기는 쿰쿰한 냄새가 맛을 떨어뜨릴 수 있어요. 이러한 잡내는 레시피대로 생강을 넣으면 없어져요.

- 두부(찌개용) 300g
- 애호박 1/2개
- 느타리버섯 1과 1/2줌
  (또는 애느타리버섯, 70g)
- 생새우살 100g
- 어슷 썬 청양고추 1개분
- 어슷 썬 대파(흰 부분) 15cm분
- 소금 약간
- 후춧가루 약간

밑국물
- 멸치(중간 크기) 5마리
- 다시마(10×10cm 크기) 1장
- 채 썬 마늘 2쪽분
- 채 썬 생강 1톨분(마늘 크기 1톨)
- 맛술 2큰술
- 새우젓 3큰술
- 물 7과 1/2컵(1.5ℓ)

tip ― 다른 재료로 대체하기
느타리버섯은 동량의 애호박으로 대체해도 돼요. 밑국물은 미리 만들어둔 멸치국물(13쪽)로 대체해도 됩니다.

1. 두부는 손가락 크기로 썬다.
애호박은 2×2cm 크기로 먹기 좋게 썬다.
느타리버섯은 가닥가닥 뜯는다.

2. 멸치의 머리와 내장을 떼어낸다.
달군 냄비에 넣어 중간 불에서 1분 정도 살짝 굽는다.

3. 나머지 밑국물 재료를 넣고 중약 불에서 끓어오르면 다시마는 건지고
약한 불로 줄여 15분간 더 끓인다.

4. 체에 밭쳐 밑국물(5컵)을 준비한다.
* 밑국물의 양이 부족한 경우 물을 더하세요.

5. 냄비에 ④의 밑국물을 넣고 센 불에서 끓어오르면 ①, 생새우살을 넣고
중간 불로 줄여 5~7분간 더 끓인다.

6. 국물이 끓어오르면 어슷 썬 청양고추, 대파, 소금, 후춧가루 순으로 넣어 1~2분간
더 끓인다. 이때 거품을 계속 걷어낸다.

국물을 진하게 끓여 풍미가 참 좋은
대파 버섯 달걀국

- 4~5인분
- 50~55분
  (+ 밑국물 우리기 1일)

명랑쌤 비법 똑떨어지는 맛의 비결
이 국은 멸치, 북어채, 보리새우까지 활용해 국물이 진하기 때문에
대파만 넉넉히 넣어도 풍부한 감칠맛과 시원한 맛을 느낄 수 있어요.
레시피대로 재료를 순서대로 넣고 대파나 달걀이 익으면 바로 불을 끄세요.

- 대파(흰 부분) 20~25cm
- 애느타리버섯 3줌(또는 팽이버섯, 150g)
- 홍고추 1개
- 달걀 2개
- 참기름 1/4작은술
- 참치액 1작은술
- 국간장 1큰술
- 맛술 1큰술
- 소금 1작은술
- 후춧가루 약간

밑국물
- 멸치(중간 크기) 25마리
- 북어채 1과 1/2컵(또는 황태채, 30g)
- 보리새우 1컵(20g)
- 다시마(10×10cm 크기) 2~3장(20g)
- 대파(푸른 부분 15cm) 3대
- 마늘 4쪽
- 물 11컵(2.2ℓ)

1 넉넉한 냄비에 밑국물 재료를 넣고 하룻밤 냉장 보관한다.

2 밑국물을 센 불에서 끓인다. 국물이 끓어오르면 다시마를 건지고 약한 불로 줄여 30분간 더 끓인다.

3 대파는 4cm 길이로 채 썬다. 애느타리버섯은 가늘게 찢는다. 홍고추는 길이로 반을 가른 후 씨를 빼고 2cm 길이로 채 썬다.

4 볼에 달걀, 참기름을 섞은 후 체에 내린다.

5 ②를 체에 밭쳐 밑국물(8컵)을 준비한다.
* 밑국물의 양이 부족한 경우 물을 더하세요.

6 냄비에 ⑤의 밑국물을 넣고 센 불에서 끓어오르면 애느타리버섯, 대파, 홍고추, 참치액, 국간장, 맛술, 소금, 후춧가루, ④의 달걀 순으로 넣고 중간 불에서 끓인다. 대파나 달걀이 익으면 바로 불을 끈다.

명랑쌤의 비법 양념으로 더욱 개운해진
김치 콩나물국

- 3~4인분
- 35~40분
  (+ 멸치국물 만들기
  1시간 20~30분)

- 익은 김치 1과 1/2컵(250g)
- 김치국물 1컵(200㎖)
- 콩나물 3줌(150g)
- 대파(흰 부분) 20cm
- 청양고추 2개
- 소금 약간
- 후춧가루 약간
- 멸치국물 7컵
  (또는 다시마국물이나 북어국물, 1.4ℓ)
  * 밑국물 내기 13쪽

양념
- 보리새우 2큰술
- 고춧가루 1~2큰술
- 다진 마늘 2큰술
- 맛술 3큰술
- 국간장 1/2큰술
- 새우젓 1/2큰술
- 된장 1/2큰술

명랑쌤 비법 김치의 익은 정도에 맞게 양념하기

김치가 묵은지처럼 많이 시다면 설탕을 2/3큰술 정도 더하세요. 설탕의 단맛이 신맛을 많이 줄여줍니다. 반대로 김치가 덜 익었다면 식초 1큰술을 추가하세요. 김치가 많이 짜다면 간을 보면서 국간장, 새우젓, 소금을 조금 줄이세요.
국물을 맑게 만들고 싶다면 김치국물을 체에 밭친 후 넣거나 생략해도 돼요.

1 대파, 청양고추는 송송 썬다.
콩나물은 씻어 준비한다.
* 콩나물 손질하기 39쪽

2 김치는 양념을 털어내고 국물을 살짝 짠 후 2~3cm 크기로 썬다. 김치국물(1컵)을 준비한다. * 김치국물에 건더기가 많다면 체에 한 번 거르세요.

3 냄비에 김치, 김치국물, 멸치국물을 넣고 센 불에서 끓어오르면 약한 불로 줄여 15분간 끓인다.

4 콩나물, 양념 재료를 넣고 뚜껑이 1/3 정도 열리게 걸쳐 놓은 후 중간 불에서 끓인다. 국물이 끓어오르면 6~7분간 더 끓인다.

5 대파, 청양고추를 넣고 뚜껑을 열어 2~3분간 끓인다. 소금, 후춧가루로 간을 맞춘다.

tip — 준비된 멸치국물이 없다면?
　　　과정 ③에서 멸치국물 대신 생수를 넣고, 황태가루나 새우가루 1큰술을 더하세요.

피로 회복에 좋은 재료를 골고루 넣은 완벽한 해장국
콩나물 오징어 북엇국

명랑쌤 비법 1
깔끔한 다시마국물 활용하기
건새우, 북어채를 넉넉히 넣어서
밑국물로 다시마국물만 써도 맛이 진합니다.
미리 만들어둔 멸치국물(13쪽), 북어국물(14쪽),
채소국물(15쪽) 등을 활용해도 좋아요.

명랑쌤 비법 2
달걀을 더 부드럽게, 잡내 없게 하는 방법
과정 ⑧에서 달걀을 체에 내리면
흰자 뭉친 것, 알끈이 분리되어서
익었을 때 식감이 훨씬 부드러워요.
참기름은 달걀 특유의 비린 맛을 없애주니
조금만 넣어주세요.

명랑쌤 비법 3
건어물을 건강하고 맛있게 즐기기
해물 건조 과정 중 방부제나 보존료가
첨가될 수 있어요. 과정 ⑥과 같이 물에 헹구면
이러한 식품첨가물을 없앨 수 있답니다.

국 —— 37

- 3~4인분
- 40~45분
  (+ 다시마국물 만들기
  40~45분)

- 오징어(작은 크기) 1마리
  (손질 전 200g)
- 북어채 1과 1/2컵(또는 황태채, 30g)
- 건새우 1/2컵(15g)
- 콩나물 2줌(100g)
- 무 지름 10cm, 두께 0.7cm(70g)
- 대파(흰 부분) 20cm
- 청양고추 1개
- 홍고추 1/2개
- 달걀 1개
- 참기름 1/4작은술
- 다시마국물 7과 1/2컵
  (또는 멸치국물이나 북어국물, 채소국물,
  1.5ℓ) * 밑국물 내기 12쪽

양념
- 국간장 2큰술
- 참치액 1큰술
- 다진 마늘 1과 1/2큰술
- 맛술 1큰술
- 다진 생강 1/2큰술
- 소금 약간
- 후춧가루 약간

[오징어 손질하기]

가위로 몸통 한쪽을 가른다.

몸통에 붙은 내장을 손으로 살살 떼어낸다.
가위나 칼로 몸통과 다리 부분을 잘라
분리한 후 가위로 눈을 잘라낸다.

다리를 뒤집어 입 주변을 눌러 튀어나온 뼈를
제거한다.

물에서 다리를 훑어가며 빨판을 제거한다.
* 오징어 껍질에 피로 회복 및 숙취 해소에 좋은
타우린 성분이 많아 벗기지 않고 요리해요.

tip — 오징어를 북어채로 대체하기
오징어 특유의 시원한 감칠맛은
줄어들지만, 오징어를 북어채(또는
황태채, 30~40g)로 대체해도 돼요.

[국 끓이기]

손질한 오징어는 깨끗하게 씻은 후 몸통은 5cm 길이로 길쭉하게 썬다. 다리는 5cm 길이로 썬다.

북어채는 4cm 길이로 자른다. 볼에 찬물을 붓고 북어채, 건새우를 담가 살살 헹군다.

무는 5cm 길이로 채 썬다. 대파, 청양고추, 홍고추는 어슷 썬다. 콩나물은 씻어 손질한다.

볼에 달걀, 참기름을 섞은 후 체에 내린다.

달군 냄비에 북어채, 건새우, 국간장, 참치액, 다시마국물(1/2컵)을 넣고 중간 불에서 1~2분간 볶는다.

북어가 오그라들면 나머지 다시마국물(7컵), 콩나물, 무를 넣고 뚜껑이 1/3 정도 열리게 걸쳐 놓고 끓인다. 국물이 끓어오르면 5분간 더 끓인다.

달걀, 대파, 고추, 다진 마늘, 맛술을 넣은 후 뚜껑이 1/3 정도 열리게 걸쳐 놓고 끓인다. 끓어오르면 오징어, 다진 생강을 넣고 끓여 오징어가 익으면 소금, 후춧가루로 간을 맞춘다.

tip — 콩나물 손질하기

1. 흐르는 물에 콩나물을 씻는다.
2. 머리 부분의 껍질을 분리한다.
   * 꼬리 부분에 숙취 해소 효능이 있으므로 다듬지 않아도 돼요.

피로 회복에 좋고 개운한 국물이 입맛 돋우는
오징어 뭇국

- 3~4인분
- 40~45분
  (+ 북어국물 만들기
  1시간 20~30분)

- 오징어(중간 크기) 2마리
  (손질 전 600~650g)
- 무 지름 10cm, 두께 1.5cm(150g)
- 콩나물 2줌(100g)
- 양파 1/3개
- 대파(흰 부분) 20cm
- 청양고추 2개
- 홍고추 1개
- 북어국물 7컵(또는 멸치국물, 1.4ℓ)
  * 밑국물 내기 14쪽

양념
- 고춧가루 1큰술
- 국간장 1큰술
- 고추장 1과 1/2큰술
- 된장 1큰술
- 청주 2큰술
- 맛술 1큰술
- 다진 마늘 1큰술
- 다진 생강 1/3작은술
- 소금 약간
- 후춧가루 약간

명랑쌤 비법 콩나물 비린내를 없애려면?
콩나물을 넣는 국물요리는 뚜껑이 1/3 정도 열리게 걸쳐 놓고 끓여야 좋지 않은 냄새가 날아가요.

1 무는 2.5×2.5cm 크기로 납작하게 썬다.
양파는 굵게 채 썬다. 대파, 청양고추, 홍고추는 어슷 썬다. 콩나물은 씻어 준비한다.
* 콩나물 손질하기 39쪽

2 오징어는 손질한다. 몸통은 5cm 길이로 길쭉하게 썬다. 다리는 5cm 길이로 썬다.
* 오징어 손질하기 38쪽

3 냄비에 북어국물, 고춧가루, 국간장, 고추장, 된장, 무를 넣고 섞어 센 불에서 끓어오르면 중간 불로 줄여 3~4분간 더 끓인다.

4 콩나물, 양파, 청주, 맛술, 다진 마늘, 다진 생강을 넣는다. 뚜껑이 1/3 정도 열리게 걸쳐 놓고 센 불에서 끓인다. 끓어오르면 중간 불로 줄여 5~6분간 더 끓인다.

5 오징어, 대파, 고추를 넣은 후 뚜껑이 1/3 정도 열리게 걸쳐 놓고 끓인다. 오징어가 익으면 소금, 후춧가루로 간을 맞춘다.

tip — **다른 양념과 재료로 대체하기**
된장은 새우젓으로 대체해도 돼요. 간을 보며 양을 조절하세요.
콩나물은 애호박(1/2개)으로 대체해도 돼요.
이렇게 하면 달큼한 국물이 완성돼요.

쇠고기 얼갈이배추 된장국
레시피 44쪽

명란 순두부국
레시피 46쪽

시금치 건새우 된장국
레시피 47쪽

구수한 된장 국물과 얼갈이배추가 정겨운 맛

쇠고기 얼갈이배추 된장국

- 3~4인분
- 45~50분

- 다진 쇠고기 100g
  (찌개용, 차돌박이 등)
- 얼갈이배추 4~5포기(또는 봄동, 250g)
- 채 썬 양파 1/2개분
- 어슷 썬 대파(흰 부분) 20cm분
- 어슷 썬 청양고추 2개분
- 다진 마늘 1큰술
- 소금 약간
- 후춧가루 약간
- 물 7과 1/2컵(1.5ℓ)

양념
- 황태가루 1큰술
- 고춧가루 1큰술
- 다진 마늘 1큰술
- 맛술 2큰술
- 참치액 1큰술
- 된장 5큰술(80g)
  * 재래된장이나 집된장은 염도가 높을 수 있으니 간을 보면서 양을 조절하세요.
- 다진 생강 1/2작은술

명랑쌤 비법 감칠맛 높이는 간 맞추기

기호에 따라 싱거울 수 있어요. 부족한 간은 마지막 과정에 멸치액젓 또는 국간장으로 맞추세요. 이 두 가지 양념은 소금보다 감칠맛이 풍부해 저도 애용한답니다.

1. 얼갈이배추는 뿌리 꼭지 부분을 잘라낸다.

2. 이파리의 시든 부분은 잘라낸다. 노란 이파리는 산화되어 독성이 있으므로 떼어낸다. 얼갈이배추는 6~7cm 길이로 썬다.

3. 끓는 물(7과 1/2컵) + 굵은소금(2큰술)에 얼갈이배추를 1분간 데쳐 찬물에 헹군 후 물기를 꼭 짠다.

4. 큰 볼에 양념 재료를 넣고 섞은 후 데친 얼갈이배추를 버무린다.

5 냄비에 물(7과 1/2컵), 다진 쇠고기를 넣고 센 불에서 끓인다. 끓어오르면 약한 불로 줄여 10분간 더 끓인다. 이때 거품을 계속 걷어낸다.

6 ④를 넣고 국물이 끓어오르면 10분간 더 끓인다.

7 채 썬 양파, 어슷 썬 대파와 고추, 다진 마늘을 넣고 5분간 더 끓인 후 소금, 후춧가루로 간을 맞춘다.

tip — **만들어둔 밑국물 활용하기**
미리 만들어둔 북어국물(14쪽)이나 채소국물(15쪽)이 있으면 물 대신 넣어도 돼요.
단, 북어국물 대체 시 황태가루는 생략하세요.
쇠고기가 들어가므로 황태가루까지 넣으면 오히려 풍미가 떨어집니다.

황태가루 알아두기
황태가루는 천연조미료 역할을 해요. 미리 만들어놓은 밑국물이 없거나
국물에 감칠맛을 더할 때 1~2큰술 정도 넣으면 좋아요. 온라인몰이나 마트에서 판매하는데
구수한 향이 나는 것을 구입하고 밀폐용기에 넣어 냉동 보관하세요.

후루룩 먹을 수 있어 아침 식사 대용으로도 좋은
명란 순두부국

- 3~4인분
- 25~30분
  (+ 북어국물 만들기
  1시간 20~30분)

- 명란젓 4~5개(140g)
- 순두부 500g
- 생새우살 170g
- 알배기배추 4~5장(또는 애호박, 140g)
- 쪽파 7~8줄기
- 홍고추 1개
- 청양고추 1개
- 다진 마늘 1큰술
- 다진 생강 1/2작은술
- 참기름 1/3작은술
- 후춧가루 약간
- 북어국물 5컵
  (또는 다시마국물이나 채소국물, 1ℓ)
  * 밑국물 내기 14쪽

양념
- 청주 1과 1/2큰술
- 맛술 1과 1/2큰술
- 새우젓 1큰술

▌ **명랑쌤 비법 명란젓 잡내를 줄이려면?**
명란젓의 잡내는 다진 마늘과 다진 생강으로 줄일 수 있어요.
마늘과 생강은 오래 끓이면 특유의 풍미가 없어지기 때문에
레시피대로 마지막 과정에 넣고 짧게 끓이세요.

1
명란젓은 1cm 두께로 썬다.
* 순두부는 체에 밭쳐 간수를 빼도 좋아요.

2
알배기배추는 한입 크기로 썬다.
쪽파는 4cm 길이로 썬다.
홍고추, 청양고추는 송송 썬다.

3
냄비에 북어국물을 넣고 센 불에서 끓인다.
끓어오르면 알배기배추, 순두부, 명란젓,
생새우살 순으로 넣고 중간 불로 줄여
10분간 더 끓인다. 이때 거품을 계속 걷어낸다.

4
양념 재료, 고추, 쪽파, 다진 마늘, 다진 생강
순으로 넣고 2~3분간 끓인다.
참기름, 후춧가루를 넣고 불을 끈다.

건새우의 진한 풍미와 향긋한 시금치가 잘 어우러진

시금치 건새우 된장국

🍲 3~4인분
⏱ 45~50분

- 시금치 4줌(200g)
- 건새우 2큰술
- 바지락 250~300g
- 대파(흰 부분) 15cm
- 다시마(10×10cm 크기) 1장
- 쌀뜨물 6컵
  (또는 다시마국물이나 채소국물, 1.2ℓ)

양념
- 된장 2큰술
  * 재래된장이나 집된장은
    염도가 높을 수 있으니
    간을 보면서 양을 조절하세요.
- 다진 마늘 2작은술
- 생강 간 것 1/2작은술
- 맛술 2작은술
- 참치액 2작은술
- 고추장 1작은술

▎**명랑쌤 비법 1 감칠맛 높이는 간 맞추기**
기호에 따라 싱거울 수 있어요. 부족한 간은 마지막 과정에 멸치액젓 또는 국간장으로 맞추세요. 이 두 가지 양념은 소금보다 감칠맛이 풍부하답니다.

▎**명랑쌤 비법 2 쌀뜨물로 국물 맛 살리기**
쌀뜨물을 넣어 된장국을 끓이는 방식은 밑국물을 별도로 만들지 않던 옛날에 주로 사용했어요. 쌀에서 나온 전분이 숭늉 같은 구수한 단맛을 내고, 된장의 쓴맛, 떫은맛, 잡내를 없애주는 역할을 하거든요. 쌀뜨물은 쌀을 비벼가면서 씻으면 나오는 뽀얀 물로 보통 3~4번째 씻었을 때 나오는 물을 사용하면 돼요.

1. 생수(5컵) + 굵은소금(1큰술)이 담긴 볼에 바지락을 넣고 30분간 둔 후 찬물에 헹군다.

2. 시금치는 뿌리를 잘라내고 잎을 떼어 깨끗하게 씻는다. 대파는 어슷 썬다.

tip — 다른 재료 추가하기
콩나물 약간을 과정 ④에 추가해도 돼요. 이때 콩나물 비린내가 날아가도록 뚜껑이 1/3 정도 열리게 걸쳐 놓고 끓이세요. 기호에 따라 청양고추 (1~2개)를 송송 썰어 넣어도 돼요.

시금치의 수산이 걱정된다면?
국물요리에 시금치를 생으로 넣으면 시금치 속 수산이 국물에 흘러나와 결석이 생길 수 있다고도 하는데요. 이는 수개월간 매일 2kg 이상씩 생시금치를 먹는 경우에 해당돼요. 그래서 가끔 먹는 시금치국에는 굳이 데치지 않고 생으로 넣어도 괜찮아요. 그래도 걱정이 된다면 시금치를 따로 살짝 데쳐 과정 ④에 넣으세요.

3. 냄비에 쌀뜨물, 건새우, 다시마를 넣고 중간 불에서 끓어오르면 다시마를 건진다.

4. 양념 재료를 넣고 국물이 끓어오르면 시금치, 바지락, 대파 순으로 넣고 중약 불에서 10분간 끓인다.
   * 레시피 시간 이상 끓이면 시금치가 물러져요.

매생이와 굴을 듬뿍 넣은 겨울 별미
매생이 굴국

- 3~4인분
- 20~25분
  (+ 북어국물 만들기
  1시간 20~30분)

tip — 매생이 알아두기
매생이는 12~2월이 제철인 해조류로 단백질과 필수 아미노산이 풍부해 면역력이 떨어지기 쉬운 겨울철에 좋아요. 녹색이 선명하고 광택이 나는 것을 고르세요. 냉동 제품, 1회분씩 건조된 제품을 구입해도 돼요. 요리 전 물에 담가 체로 이물질을 제거하세요.(비법 1 참고) 남은 매생이는 1회분씩 지퍼백에 담아 냉동 보관하세요.

- 매생이 1덩어리(300g)
- 굴 1컵(200g)
- 한입 크기로 썬 두부(찌개용) 150g
- 들기름 1큰술
- 소금 약간
- 후춧가루 약간
- 북어국물 7과 1/2컵
  (또는 멸치국물, 1.5ℓ)
  * 밑국물 내기 14쪽

양념
- 다진 마늘 1큰술
- 맛술 1큰술
- 국간장 1큰술
- 참치액 1큰술
- 다진 생강 1/2작은술

명랑쌤 비법 1 매생이 속 이물질 제거하기
시판되는 매생이는 세척된 것이지만 이물질이 남아있을 수 있어요.
넉넉한 물에 매생이를 담근 후 체로 뒤적이며 작은 플라스틱 입자,
불순물을 건져내세요.

명랑쌤 비법 2 굴 속 이물질 제거하기
연한 소금물에 굴을 담근 후 손으로 살살 뒤적이며
붙어있는 껍데기나 이물질을 떼어내세요.

명랑쌤 비법 3 매생이 풍미 살리기
과정 ③과 같이 매생이를 들기름에 볶으면 고소한 풍미를 낼 수 있어요.
또한 매생이는 너무 오래 끓이면 식감이 떨어지고
덜 끓이면 비릴 수 있으니 레시피에 적힌 시간을 지켜주세요.

1
매생이는 이물질을 제거한 후(비법 1 참고)
체에 밭쳐 흐르는 물에 헹군 후 물기를 뺀다.

2
굴은 이물질을 제거한 후(비법 2 참고) 체에
밭쳐 찬물(5컵) + 소금(1과 1/2큰술)이 담긴
볼에 넣어 살살 흔들어 헹군 후 물기를 뺀다.

3
달군 냄비에 매생이, 들기름을 넣고
중약 불에서 1~2분간 볶는다.

4
북어국물을 붓고 중간 불에서 끓인다.
국물이 끓어오르면 굴, 한입 크기로 썬 두부,
양념 재료 순으로 넣고 5분간 더 끓인다.
소금, 후춧가루로 간을 맞춘다.

맛내기가 은근 어려운 미역국 완전 정복
쇠고기 미역국

- 4~5인분
- 약 1시간 10분
  (+ 미역 불리기 30~40분)

- 쇠고기 양지 300g
- 자연산 마른 미역 30g
- 다진 마늘 2큰술
- 소금 약간
- 후춧가루 약간
- 물 11컵(2.2ℓ)

양념
- 청주 1큰술
- 맛술 1큰술
- 국간장 2큰술
- 멸치액젓 1큰술
- 참기름 1작은술

tip — 감칠맛을 높이려면?
건홍합(10개)을 과정 ④에 쇠고기와 함께 넣으면 국의 감칠맛이 더 풍부해져요.

명랑쌤 비법 미역 고르기와 조리 포인트
시판용 마른 미역에는 자연산, 산모용, 양식, 냉국용 자른 미역 등이 있어요.
자연산, 산모용 미역은 조금 뻣뻣하고 두꺼워서 불리는 시간을 길게(약 30분 이상) 두고,
끓일 때는 약한 불에서 뭉근하게 오래 끓여야 식감이 좋아요.
양식, 냉국용 자른 미역은 물에 불리는 시간과 끓이는 시간을 짧게(약 20분) 해야 물러지지 않아요.

1 넉넉한 찬물에 마른 미역을 넣어 30~40분간 불린 후 여러 번 헹궈 체에 밭쳐 물기를 뺀다.
* 미역은 불리면 무게가 10배 이상 늘어나요.

2 미역은 한입 크기로 잘라서 양념 재료와 버무린다.

3 쇠고기는 작게 썰어 찬물에 한 번 헹군 후 체에 밭쳐 핏물을 뺀다.
* 쇠고기는 볶지 않고 물에 넣고 끓이므로 밑간하지 않아도 돼요.

4 냄비에 물(11컵), 쇠고기를 넣고 센 불에서 끓인다. 국물이 끓어오르면 약한 불로 줄여 30분간 끓인다. 이때 거품을 계속 걷어낸다.
* 고기를 끓이면 거품이 많이 나서 넘칠 수 있으니 뚜껑을 열고 끓여야 해요.

5 미역을 넣고 센 불로 올려 끓인다. 끓어오르면 약한 불로 줄여 20~30분간 더 끓인다. 다진 마늘, 소금, 후춧가루로 간을 맞춘다.
* 비법 1 참고해 미역 종류에 따라 끓이는 시간을 조절하세요.

장터국밥 스타일의 얼큰한 쇠고기 국
빨간 쇠고기 뭇국

- 5~6인분
- 약 1시간 30분
  (+ 쇠고기 핏물 빼기 30분)

- 쇠고기 양지(또는 사태) 400g
- 무 지름 10cm, 두께 2cm(200g)
- 콩나물 4줌(200g)
- 대파(흰 부분 15cm) 5~6대(150g)
- 다진 마늘 1큰술
- 다진 부추 1/2컵(생략 가능)
- 소금 약간
- 후춧가루 약간

밑국물
- 무 지름 10cm, 두께 1cm(100g)
- 양파 1/2개
- 대파 뿌리 3개(또는 대파 1대)
- 마늘 5쪽
- 편 썬 생강 2조각
- 청주 2큰술
- 통후추 1작은술
- 다시마(10×10cm 크기) 1장
- 물 15컵(3ℓ)

쇠고기 양념
- 고춧가루 2~3큰술
- 다진 마늘 1큰술
- 국간장 1큰술
- 참치액 1큰술
- 고추장 2큰술
- 참기름 1큰술

명랑쌤 비법 국물의 기름기 줄여 더 깔끔한 맛 내기

국물 속 기름기는 과정 ③과 같이 체에 밑국물을 걸러내면 줄어들어요.
이때 체에 젖은 면보를 올리면 밑국물에서 기름기가 더 잘 분리되어서 담백한 국물이 완성됩니다.

1 쇠고기 양지는 4~5cm 크기로 썰어 찬물에 30분 이상 담가 핏물을 뺀다. 이때 물을 중간중간 갈아준다.

2 큰 냄비에 밑국물 재료, 쇠고기를 넣고 중간 불에서 끓인다. 끓어오르면 다시마는 건져내고 약한 불로 줄여 40분간 더 끓인다.

3 체에 젖은 면보를 올린 후 ②를 걸러 밑국물(9컵)을 준비한다. 쇠고기는 건진다.
* 밑국물의 양이 부족할 경우 물을 더하세요.

4 쇠고기는 납작하게 한입 크기로 썰어서 쇠고기 양념에 버무린다.
* 쇠고기는 결대로 잘게 찢어도 돼요.

5 무는 납작하게 한입 크기로 썬다.
대파는 4~5cm 길이로 채 썬다.
콩나물은 씻어 준비한다.
* **콩나물 손질하기 39쪽**

6 냄비에 ③의 밑국물, ④, 무를 넣고
센 불에서 끓어오르면 중약 불로 줄여
15분간 더 끓인다.

7 콩나물, 대파, 다진 마늘을 넣은 후
뚜껑이 1/3 정도 열리게 걸쳐 놓고
7~8분간 끓인다.
소금, 후춧가루로 간을 맞춘다.
그릇에 담고 다진 부추를 얹는다.

추석에 즐겨 먹는 고소한 탕국

토란국

- 4~5인분
- 1시간 30분

- 토란 20알(껍질 까기 전 500g)
- 쇠고기 사태 300g
- 황태채 3~4cm 길이로 자른 것 1/2컵 (또는 북어채, 10g)
- 대파 1/2대
  + 송송 썬 대파 적당량(생략 가능)
- 무 지름 10cm, 두께 3cm(300g)
- 다시마(10×10cm 크기) 7~8장
- 청주 3큰술
- 소금 약간
- 물 15컵(3ℓ)

양념
- 다진 마늘 1큰술
- 다진 쪽파 2큰술(또는 다진 파)
- 국간장 1큰술
- 참치액 1/2큰술
- 소금 1작은술
- 참기름 1작은술
- 후춧가루 약간

명랑쌤 비법 토란 손질할 때 주의할 점

토란의 껍질은 알레르기를 일으킬 수 있으니 장갑을 끼고 껍질을 긁어내세요. 토란에는 미끌미끌한 갈락탄, 아린 맛 성분 등이 함유되어 있어요. 이 성분은 껍질을 깐 다음 소금(1큰술)을 섞은 쌀뜨물(5컵)에 데치면 없어져요. 쌀뜨물은 쌀을 비벼가면서 씻으면 나오는 뽀얀 물로 보통 3~4번째 씻었을 때 나오는 물을 사용하면 돼요.

1 냄비에 쌀뜨물(5컵) + 소금(1큰술)을 넣고 끓어오르면 껍질 벗긴 토란을 넣고 센 불에서 8~10분간 데친 후 찬물에 헹군다. 체에 밭쳐 물기를 뺀다.

tip — 감칠맛을 높이려면?
건홍합(10개)을 과정 ⑥에 토란과 함께 넣으면 국물의 감칠맛이 더 풍부해져요.

토란 알아두기
토란은 9~10월이 제철로 탄수화물과 단백질, 나트륨 배출을 돕는 칼륨과 섬유질이 풍부해요. 흙이 묻어있고 동그란 것을 고르세요. 아린 맛, 독성 제거를 위해 비법대로 손질하세요. 추석에 먹는 명절 음식이기도 한 토란국은 '토란탕'으로도 불린답니다.

2 큰 냄비에 물(15컵)을 붓고 중약 불에서 끓인다. 끓어오르면 쇠고기, 황태채, 대파, 청주를 넣고 약한 불에서 30분간 끓인다.

3 무, 다시마를 넣어 무가 익을 때까지 약한 불에서 25분간 더 끓인다. 불을 끄고 살짝 식힌다. 체에 젖은 면보를 올린 후 걸러 국물(8~8과 1/2컵)을 준비한다.

* 국물의 양이 부족한 경우 물을 더하세요.

③에서 걸러낸 쇠고기, 무, 다시마를 2×2cm 크기로 납작하게 썬다.

볼에 양념 재료를 넣고 골고루 섞은 후 ④를 넣어 버무린다.

냄비에 ③의 국물을 붓고 센 불에서 끓어오르면 토란, ⑤를 넣어 중약 불로 줄여 20분간 더 끓인다. 소금으로 간을 맞춘다. 그릇에 담고 송송 썬 대파를 얹는다.

국 — 55

아삭한 오이와 새콤달콤한 국물이 입맛 돋우는
오이 미역냉국

- 4~5인분
- 45~50분
  (+ 다시마 우리기 1시간)

명랑쌤 비법 오이 식감 살리기
굵게 채 썬 오이는 끓는 소금물에 넣었다가 바로 건진 후 찬물에 헹구면 훨씬 아삭해져요. 데칠 때 소금물을 사용해야 초록색을 띠는 엽록소가 반응해서 오이의 색이 더욱 선명해진답니다.

- 굵게 채 썬 백오이 1/2개분
- 냉국용 마른 미역 10~15g
  * 미역 고르기 50쪽
- 통깨 1큰술
- 얼음 약간(생략 가능)

국물
- 생수 8컵(1.6ℓ)
- 다시마(10×10cm 크기) 2장
- 송송 썬 대파(흰 부분) 10cm분
- 송송 썬 실파 2큰술
- 송송 썬 홍고추 1개분
- 설탕 2큰술
- 식초 3큰술
- 국간장 1큰술
- 매실청 2큰술
- 소금 1작은술
- 다진 마늘 1작은술
- 참치액 1작은술
- 후춧가루 약간

무침 양념
- 설탕 1큰술
- 식초 1큰술
- 국간장 1큰술
- 소금 1작은술
- 통깨 2작은술
- 다진 마늘 2작은술
- 참기름 1작은술

1 큰 냄비에 국물 재료의 생수, 다시마를 넣어 1시간 우린다. 5분간 약한 불에서 끓인 후 다시마는 건지고 국물은 식힌다.
다른 볼에 마른 미역을 넣고 넉넉한 양의 물을 부어 20~30분간 불린다.

2 밀폐용기에 ①의 국물, 나머지 국물 재료를 섞은 후 냉장실에 넣어 차게 한다.
* 송송 썬 실파는 마지막에 통깨와 함께 넣어도 돼요. 냉동실에 넣어 살얼음이 생기게 해서 먹어도 좋아요.

3 냄비에 미역 데칠 물(미역이 잠길 분량)을 넣고 센 불에서 끓인다. 끓으면 ①의 불린 미역을 넣었다가 바로 건져 찬물로 헹군 후 체에 밭쳐 물기를 뺀다.
* 미역을 데치면 염분이 빠지고 부드럽게 익어요.

4 냄비에 다시 물(5컵) + 소금(2큰술)을 끓인다. 끓으면 굵게 채 썬 오이를 넣었다가 바로 건져 찬물에 헹군 후 체에 밭쳐 물기를 뺀다.

5 볼에 무침 양념 재료를 넣어 섞은 후 미역, 오이를 넣고 버무린다.

6 ⑤를 밀폐용기에 담아 냉장실에 넣어 차게 한다. 먹기 직전에 그릇에 담고 ②의 국물을 붓는다. 통깨, 얼음을 곁들인다.

가지의 식감과 맛을 담은 시원한 한 그릇

가지냉국

- 3~4인분
- 40~45분
  (+ 북어국물 만들기
  1시간 20~30분)

- 가지 4개
- 실파 5줄기(또는 쪽파)
- 풋고추 1개
- 홍고추 1개
- 소금 약간
- 후춧가루 약간
- 얼음 약간(생략 가능)

국물
- 북어국물 5컵
  (또는 다시마국물이나 채소국물, 1ℓ)
  * 밑국물 내기 14쪽
- 설탕 1큰술
- 국간장 2큰술
- 식초 3큰술
- 매실청 2큰술
- 고춧가루 2작은술
- 소금 1/2작은술
- 다진 마늘 1작은술

가지 양념
- 통깨 1큰술
- 다진 파 1큰술
- 매실청 1큰술
- 고춧가루 2작은술
- 소금 1/3작은술
- 양조간장 2작은술
- 식초 1작은술
- 국간장 1작은술
- 참기름 2작은술

tip — 반찬으로 즐기기
과정 ④의 가지 무침은
반찬으로 먹어도 좋아요.

명랑쌤 비법 가지 식감 살리기
과정 ①에서 가지를 찜기에 넣을 때 단면(껍질이 없는 안쪽)이 바닥을 향하게 해야 부드럽게 익어요. 찐 후에는 남아있는 열로 인해 가지가 물러지는 것을 막기 위해 냉장실에서 재빨리 식혀야 해요. 과정 ④에서 양념에 무친 가지를 국물과 섞어서 보관하면 싱거워져요. 각각 냉장 보관했다가 먹기 직전에 섞으세요.

1 가지는 4~5cm 길이로 썬 후 길게 2등분한다. 김 오른 찜기에 단면(껍질이 없는 안쪽)이 바닥을 향하게 넣고 뚜껑을 덮어 중간 불에서 6~7분간 찐다.

2 가지를 펼쳐 담고 냉장실에서 재빨리 식힌다.

3 밀폐용기에 국물 재료를 섞은 후 냉장실에 넣어 차게 한다.

* 냉동실에 넣어 살얼음이 생기게 해도 좋아요.

4
큰 볼에 가지 양념 재료를 넣고 섞는다.
식힌 가지를 가늘게 찢어 넣고 버무린다.

5
실파, 풋고추, 홍고추는 송송 썬다.

6
먹기 직전 그릇에 ④를 담고
③의 국물을 부은 후 ⑤를 올린다.
소금, 후춧가루로 간을 맞추고
얼음을 곁들인다.

후루룩 떠먹으면 더위를 금세 잊게 되는 여름 별미

도토리묵냉국

- 3~4인분
- 25~30분
  (+ 채소국물 만들기
  1~2시간)

- 도토리묵 1모(300g)
- 백오이 1/2개(또는 청오이)
- 양파 1/4개
- 당근 약간
- 상추 3~4장
- 풋고추 1개
- 홍고추 1개
- 구운 김 부순 것 1장분
- 곱게 간 통깨 2작은술

국물
- 채소국물 5컵
  (또는 다시마국물이나 북어국물, 1ℓ)
  * 밑국물 내기 15쪽
- 설탕 2큰술
- 소금 1/2큰술
- 식초 4큰술
- 참치액 1큰술(또는 국간장 1큰술)
- 매실청 3큰술
- 후춧가루 약간

묵 양념
- 통깨 1큰술
- 다진 파 1큰술
- 양조간장 1/2큰술
- 고춧가루 1작은술
- 다진 마늘 1작은술
- 소금 약간

김치 고명
- 익은 김치 1컵(150g)
- 설탕 1/2작은술
- 통깨 2작은술
- 참기름 1작은술

tip — 재료 대체하기
냉국 국물은 시판 냉면육수를 활용해도 돼요. 채소는 씹는 식감이 좋은 양배추, 향이 좋은 쑥갓 등도 잘 어울려요.

명랑쌤 비법 도토리묵의 떫은 맛을 없애고 싶다면?
도토리묵에서 나는 특유의 떫은맛은 끓는 물에 데치면 살짝 줄어요. 이 과정에서 식품첨가물도 없어집니다. 도토리묵이 부서지지 않게 끓는 물에 넣었다 바로 건지세요.

1. 도토리묵은 6~7cm 길이로 얇고 길게 썬다. 묵 데칠 물(묵이 잠길 분량)을 센 불에서 끓인다. 밀폐용기에 국물 재료를 섞은 후 냉장실에 넣어 차게 한다.

2. 오이, 양파, 당근은 채 썬다. 상추는 1.5cm 두께로 썬다. 풋고추, 홍고추는 송송 썬다.

3. ①의 물이 끓으면 도토리묵을 넣고 살짝 데친다. 찬물에 넣었다가 건져 체에 밭쳐 식힌다. * 오래 데치면 **도토리묵이 부서지니 바로 건지도록 하세요.**

4. 큰 볼에 묵 양념 재료를 넣고 섞는다. 도토리묵을 넣고 살살 버무린다.

5 ④의 볼에 채소를 모두 담는다.
뚜껑(또는 랩)을 덮어 냉장실에 넣어
차게 한다.

6 김치는 김치국물을 짠 후 얇게 채 썬다.
볼에 김치 고명 재료를 넣고 버무린다.

7 ⑤에 ⑥을 넣고 ①의 국물을 붓는다.
구운 김 부순 것, 곱게 간 통깨를 뿌린다.

풍부한 건더기로 더 맛있게 즐기는
찌개

진한 국물과 풍부한 건더기를 함께 먹는 한국인이
특히 좋아하는 국물요리입니다.
국물의 양을 넉넉히 잡는 국과 달리
찌개는 국물과 건더기의 분량을 비슷하게 맞춥니다.
찌개에는 다양한 종류의 재료들이 들어가는데요,
특히 무, 배추, 콩나물, 대파, 양파는 국물에
시원한 맛을 더하고 풍미도 살리는 중요한 재료들입니다.
조금 과해 보여도 되도록이면 레시피에 적힌대로 모두 넣어주세요.
또한 채소가 많이 들어가는 만큼 채소가 익으면서 수분이 빠져나와
국물의 양이 늘어날 수 있으니
밑국물(또는 물)은 재료들이 살짝 잠길 정도만 넣으면 돼요.
재료가 다양하게 들어가는 찌개 국물에
그 맛이 충분히 우러나게 하려면 불 세기도 잘 조절해야 하니
센 불에서 끓이기 시작해 국물이 끓어오르면
중약 불 또는 약한 불로 줄여 뭉근하게 익히세요.

한끗 차이가 느껴지는 명랑쌤 비법 찌개
차돌 된장찌개

- 2~3인분
- 35~40분
  (+ 북어국물 만들기
  1시간 20~30분)

명랑쌤 비법 된장의 잡내를 없애려면?
된장을 넣고 바로 끓이면 찌개에서 된장의 쓴맛, 떫은맛, 잡내가 날 수 있어요.
과정 ③과 같이 끓이기 전에 한번 볶으면 이러한 좋지 않은 맛과 냄새를 없앨 수 있어요.

- 쇠고기 차돌박이 60g(또는 불고기용, 다짐육, 돼지고기 찌개용 등)
- 두부(찌개용) 200g
- 무 지름 10cm, 두께 0.7cm(70g)
- 양파 1/2개
- 애호박 1/3개
- 송송 썬 청양고추 2개분
- 송송 썬 홍고추 1/2개분
- 송송 썬 대파(흰 부분) 10cm분
- 다진 마늘 1큰술
- 송송 썬 부추 1/4컵
- 북어국물 3~4컵
  (또는 멸치국물이나 채소국물, 쌀뜨물, 600~800㎖)
  * 밑국물 내기 14쪽

양념
- 청주 1큰술
- 맛술 1큰술
- 된장 5큰술(80g)
  * 재래된장이나 집된장은 염도가 높을 수 있으니 간을 보면서 양을 조절하세요.
- 고춧가루 1작은술
- 다진 생강 1/3작은술

tip — 다른 재료 더하기
기호에 따라 감자 약간(2×2cm 크기로 썬 것)을 과정 ④에서 무, 양파와 함께 넣어보세요. 감자의 전분 때문에 맛이 더 진해져요.

1 두부, 무, 양파, 애호박은 2×2cm 크기로 먹기 좋게 썬다.

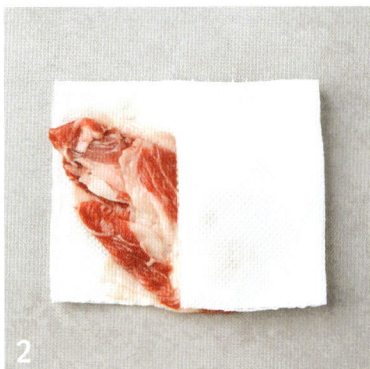

2 쇠고기는 키친타월로 감싸 살살 눌러 핏물을 없앤 후 2~3등분한다.

3 달군 냄비에 쇠고기, 양념 재료를 넣고 중약 불에서 2~3분간 볶는다.

4 북어국물을 붓고 센 불에서 끓어오르면 무, 양파를 넣고 중간 불로 줄여 7분간 더 끓인다.

5 국물이 끓어오르면 두부, 애호박을 넣고 5분간 더 끓인다.

6 송송 썬 고추, 대파, 다진 마늘을 넣고 2분간 끓인다. 송송 썬 부추를 넣고 불을 끈다.

밥 비벼 먹기 딱 좋은 고향의 맛
우렁 강된장찌개

- 2~3인분
- 30~35분
  (+ 멸치국물 만들기 1시간 20~30분)

- 시판 냉동 우렁이살 1과 1/2컵(130g)
- 쇠고기 등심 40g
- 두부(찌개용) 150g
- 무 지름 10cm, 두께 0.7cm(70g)
- 감자(중간 크기) 1/3개
- 애호박 1/3개
- 양파 1/4개
- 표고버섯 2개
- 송송 썬 미나리 1/4컵(또는 달래, 부추)
- 송송 썬 대파(흰 부분) 1/2대분
- 송송 썬 청양고추 1개분
- 멸치국물 3과 1/2컵~4컵
  (또는 북어국물이나 채소국물, 쌀뜨물, 700~800㎖) * 밑국물 내기 13쪽

양념
- 된장 4큰술(65g)
  * 재래된장이나 집된장은 염도가 높을 수 있으니 간을 보면서 양을 조절하세요.
- 고추장 1큰술
- 고춧가루 1/2작은술
- 다진 마늘 1작은술
- 맛술 2작은술

명랑쌤 비법 1 된장찌개 풍미 살리기
된장찌개에 된장 : 고추장을 3~4 : 1 비율로 넣으면 감칠맛이 풍부해져요.
또한 맛술을 조금 넣으면 된장의 쓴맛, 떫은맛, 잡내 등을 잡아준답니다.
우렁이 잡내도 없애주고요. 과정 ③에서 된장을 볶는 것도 같은 이유예요.

명랑쌤 비법 2 시판 우렁이살 더 맛있게 즐기기
시판 우렁이살은 우렁이를 대량으로 삶은 후 나눠서 포장하여 냉동한 제품이에요.
고운 모래나 흙이 나올 수 있기 때문에 요리하기 전에 여러 번 물에 헹구거나
끓는 물에 살짝 데치면 좋아요. 시판 우렁이살은 오래 끓이면 단단해지기 때문에
레시피대로 불을 끄기 전에 넣고 살짝만 끓이세요.

1 시판 냉동 우렁이살은 물에 여러 번 헹군다.

2 무, 감자, 애호박, 표고버섯, 양파, 두부는 1.5×1.5cm 크기로 네모낳게 썬다.

3 달군 냄비에 쇠고기 등심, 된장, 고추장을 넣고 약한 불에서 2~3분간 볶는다.
* 오래 볶으면 양념이 탈 수 있으니 레시피의 시간을 지켜주세요.

4
멸치국물을 붓고 센 불에서 끓어오르면 무, 감자를 넣고 중간 불로 줄여 5분간 끓인다.

5
애호박, 양파, 표고버섯, 두부를 넣고 끓어오르면 5~6분간 더 끓인다.

6
우렁이살, 송송 썬 미나리, 대파, 고추, 고춧가루, 다진 마늘, 맛술 순으로 넣고 중약 불에서 2~3분간 끓인다.

찌개 __ 67

뚝배기에서 보글보글 끓는 국물에 달걀을 톡!
해물 순두부찌개

🍲 3~4인분
⏱ 30~35분

- 순두부 500g
- 해감 바지락 1봉지(200g)
- 새우 5~6마리(100g)
- 다진 삼겹살 70g
  (또는 1×1cm 크기로 썬 것, 찌개용)
- 애호박 1/3개
- 느타리버섯 1줌(50g)
- 대파(푸른 부분) 1/3대
- 청양고추 1개
- 홍고추 1/2개
- 달걀 1개
- 청주 1큰술
- 물 4컵(800ml)

양념
- 고춧가루 2큰술
- 다진 마늘 1큰술
- 포도씨유 2작은술
- 들기름 1작은술
- 다진 생강 1/2작은술
- 새우젓 1큰술
- 소금 약간
- 후춧가루 약간

명랑쌤 비법 진한 국물 맛의 비결

해물 비중이 큰 찌개지만 돼지고기 기름이 들어가야 국물 맛이 한층 진하고 고소해져요.
돼지고기 부위 중에서 기름기가 적당한 삼겹살 또는 찌개용을 넣으면 돼요.

tip — 겨울에는 굴 활용하기
새우는 감칠맛이 좋은
겨울 제철 굴(4/5컵)로 대체해도 돼요.

1. 냄비에 물(4컵)을 넣고 센 불에서 끓어오르면 청주(1큰술), 바지락을 넣는다. 바지락이 입을 벌리면 바로 불을 끈다. 체에 면보에 깔고 부어 바지락국물(3컵)을 준비한다.

2. 바지락은 한쪽 껍데기만 떼어낸다. 새우는 찬물에 한 번 헹군 후 체에 밭친다.
   *순두부는 체에 밭쳐 간수를 빼도 좋아요.

3. 애호박은 2×2cm 크기로 납작하게 썬다. 느타리버섯은 가닥가닥 뜯는다. 대파와 고추는 송송 썬다.

4. 달군 냄비에 고춧가루, 다진 마늘, 포도씨유, 들기름을 넣고 중약 불에서 30초간 볶는다. 다진 삼겹살, 다진 생강을 넣고 삼겹살이 반 정도 익을 때까지 2~3분간 더 볶는다.

5. ①의 바지락국물, 순두부, 새우, 애호박, 버섯, 새우젓을 넣고 센 불에서 끓인다. 끓어오르면 중간 불로 줄여 애호박이 반 이상 익을 때까지 5분간 더 끓인다. 이때 거품을 계속 걷어낸다.

6. 송송 썬 대파, 고추, 달걀, 소금, 후춧가루 순으로 넣는다. 국물이 끓어오르면 바로 불을 끈다.

tip — 해감되지 않은 바지락을 샀다면? 바지락 해감하기

1 큰 볼에 찬물을 넉넉히 담고 바지락을 넣어 비벼가며 씻는다.
   맑은 물이 나올 때까지 물을 갈아가며 씻는다. 골이 깊거나 큰 바지락은 솔로 세척한다.
2 불투명한 큰 볼에 물(10컵) + 굵은소금(4큰술)을 섞는다. 바지락을 체에 담아 볼에 넣는다.
   * 체에 밭쳐 해감하면 이물질이 바닥에 가라앉아 바지락이 이물질을 다시 먹지 않아요. 해감 후 헹굴 때도 수월하지요.
3 검은 비닐이나 쟁반, 쿠킹포일 등으로 덮어 빛을 차단하고 서늘한 곳에서 2~4시간 해감한다.
   흐르는 물에 2~3회 헹군 후 체에 밭쳐 물기를 뺀다.

1　　2　　3

동태찌개
레시피 72쪽

매콤한 청국장찌개
레시피 74쪽

간편 꽁치 김치찌개
레시피 75쪽

맛집보다 맛있다! 입에 착 감기는 생선찌개
동태찌개

🥣 3~4인분
⏲ 1시간 20분
 (+ 북어국물 만들기
 1시간 20~30분)

- 동태(중간 크기) 600~700g(2마리)
- 명태알 150g
- 애호박 1/2개
- 무 지름 10cm, 두께 1.5cm(150g)
- 두부(찌개용) 150g
- 양파 1/2개
- 쑥갓 1줌(50g)
- 콩나물 2줌(100g)
- 어슷 썬 청양고추 2개분
- 어슷 썬 홍고추 1개분
- 어슷 썬 대파 30cm분
- 다진 마늘 2큰술
- 다진 생강 1큰술
- 소금 약간
- 후춧가루 약간
- 북어국물 6컵
 (또는 다시마국물이나 채소국물, 1.2ℓ)
 * 밑국물 내기 14쪽

양념
- 고춧가루 3큰술
- 청주 2큰술
- 맛술 1큰술
- 국간장 2큰술
- 참치액 1큰술
- 된장 1/2큰술
- 고추장 2큰술
 * 재래고추장이나 집고추장은
 염도가 높을 수 있으니 간을 보면서
 양을 조절하세요.

명랑쌤 비법 냉동 생선의 비린내가 고민이라면?
냉동 생선을 과정 ①과 같이 적당한 크기로 손질한 후 쌀뜨물에 담가 해동하세요.
이후 과정 ②와 같이 체에 밭쳐 뜨거운 물을 끼얹으면 비린내가 많이 없어져요.
비린내를 구성하는 성분은 휘발성이니 끓일 때도 뚜껑을 열어야 빠져나갑니다.
마지막 과정 ⑧에서 쑥갓을 넣는 것도 생선 비린내를 없애는 비법이에요.
이때 쑥갓을 넣고 국물이 끓어오르면 바로 불을 끄세요.

1
동태는 적당한 크기로 썬 후
쌀뜨물에 30분간 담가 해동한다.

2
체에 동태, 명태알을 넣고
끓는 물을 골고루 끼얹는다.

3
애호박은 1cm 두께의 반달 모양으로 썬다.
무는 3×3cm 크기로 납작하게 썬다.
두부는 4×3cm 크기로 납작하게 썬다.
양파는 굵게 채 썬다. 쑥갓은 7cm 길이로 썬다.
콩나물은 씻어 준비한다.
* 콩나물 손질하기 39쪽

4
냄비에 북어국물을 넣고 센 불에서 끓인다.
끓어오르면 양념 재료, 무를 넣고
중간 불로 줄여 무가 반 정도 익을 때까지
7~8분간 더 끓인다.

5 동태, 명태알을 넣고 10분간 끓인다.
* 동태 비린내가 날아가도록 마지막 과정까지 계속 뚜껑을 열고 끓이세요.

6 애호박, 두부, 양파, 콩나물을 넣고 7~8분간 끓인다.

7 어슷 썬 고추, 대파, 다진 마늘과 생강 순으로 넣고 3~4분간 더 끓인다.
이때 거품을 계속 걷어낸다.

8 소금, 후춧가루로 간을 맞춘다.
쑥갓을 넣고 끓어오르면 바로 불을 끈다.

청국장에 김치, 삼겹살을 더해 누구나 좋아하게 만든
매콤한 청국장찌개

🍲 3~4인분
⏱ 40~45분
(+ 북어국물 만들기
1시간 20~30분)

- 익은 김치 1과 2/3컵(250g)
- 돼지고기 삼겹살 100g
- 두부(찌개용) 200g
- 양파 1/2개
- 송송 썬 청양고추 2개분
- 송송 썬 홍고추 1/2개분
- 송송 썬 대파 20cm분
- 다진 마늘 1과 1/2큰술
- 들기름 1/2큰술
- 북어국물 4~5컵
  (또는 다시마국물이나 채소국물, 쌀뜨물,
  800~1000㎖) * 밑국물 내기 14쪽

양념
- 청국장 1/2컵(130g)
  * 청국장은 집에서 만든 것 또는
  상표에 따라 염도가 다르니
  간을 보면서 양을 조절하세요.
- 청국장 분말 1큰술(또는 볶은 콩가루)
- 고춧가루 1/2큰술
- 맛술 1큰술
- 다진 생강 1/3작은술

명랑쌤 비법 찌개 국물을 더 맛있게 하는 한끗
볶은 콩가루나 청국장 분말을 넣으면 국물의 농도가 더 진해져요.
청국장에 된장 1~2큰술을 섞어도 깊은 맛이 난답니다.

tip — 재료 추가하기
김치를 약간 줄이고 무를 작게 썰어 넣으면 국물 맛이 깔끔하고 개운해져요.

1
두부, 양파, 김치는 3×3cm 크기로 썬다.
김치는 국물을 살짝 짠 후 썬다.
삼겹살은 1.5cm 두께로 썬다.

2
달군 냄비에 삼겹살, 들기름, 김치, 양파를
넣고 중간 불에서 3~4분간 볶는다.

3
북어국물을 붓고 중간 불에서 끓어오르면
15분간 더 끓인다.

4
양념 재료, 두부를 넣고 7~8분간 끓인다.

5
송송 썬 고추, 대파, 다진 마늘을 넣고
3~4분간 끓인 후 불을 끈다.

꽁치 통조림으로 손쉽게 끓이는 찌개

간편 꽁치 김치찌개

🍚 3~4인분
⏱ 45~50분

- 익은 김치 2와 2/3컵(400g)
- 김치찌개용 꽁치 통조림 1캔(400g)
- 양파 1/2개
- 대파 1/2대
- 청양고추 2개
- 쌀뜨물 4컵
  (또는 다시마국물이나 채소국물, 800㎖)

양념
- 황태가루 1큰술
  (또는 멸치가루나 새우가루, 생략 가능)
- 들기름 1큰술
- 설탕 1큰술
  (기호에 따라 가감 또는 생략 가능)
- 맛술 2큰술
- 고추장 1큰술
  (기호에 따라 가감 또는 생략 가능)
- 된장 1/2큰술
- 다진 마늘 1큰술
- 다진 생강 1작은술
- 고춧가루 1큰술

명랑쌤 비법 1 꽁치 통조림으로 간편하게 김치찌개 끓이기
시판 꽁치 통조림은 간과 양념이 되어있으니 국물까지 모두 사용해도 돼요. 국물의 단맛이 김치의 신맛을 줄여줍니다. 단, 상표에 따라 양념이 조금씩 다르니 맛을 확인하며 분량을 조절하세요. 김치찌개용 꽁치 통조림이라면 단맛이 더 있을 수 있으므로 기호에 따라 설탕을 줄여도 돼요. 김치가 짜면 통조림 국물의 양을 조절하고 고추장은 생략하세요. 김치찌개용이 아닌 일반 꽁치 통조림이라면 고춧가루 1큰술을 추가하세요.

명랑쌤 비법 2 꽁치 비린 맛 잡기
양념에는 된장과 다진 생강을, 국물에는 쌀뜨물을 넣으면 줄일 수 있어요. 쌀뜨물은 쌀을 씻으면 나오는 뽀얀 물로 보통 3~4번째 씻었을 때 나오는 물을 사용하면 돼요.

1 양파는 굵게 채 썬다. 대파, 청양고추는 얇게 어슷 썬다. 김치는 물기를 꽉 짠 후 한입 크기로 썬다. 꽁치 통조림을 준비한다.

2 달군 냄비에 김치, 꽁치 통조림 국물, 황태가루, 들기름을 넣고 센 불에서 3~4분간 볶는다.

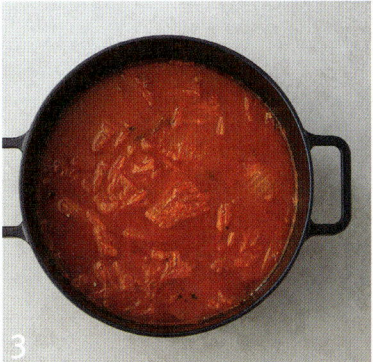

3 쌀뜨물, 설탕, 맛술, 고추장, 된장을 넣고 끓어오르면 중간 불로 줄여 20~25분간 더 끓인다.

4 꽁치, 다진 마늘, 다진 생강, 고춧가루, 양파, 대파, 청양고추를 넣고 끓어오르면 약한 불로 줄여 15분간 더 끓인다.

콩비지를 넉넉히 넣어 든든하고 고소한
김치 콩비지찌개

- 3~4인분
- 45~50분
  (+ 북어국물 만들기
  1시간 20~30분)

명랑쌤 비법 고소한 맛을 더 풍부하게 내려면?
콩비지만으로도 고소하지만 돼지고기를 넣으면 기름의 풍미가 더해져서 그 맛이 더 좋아져요. 돼지고기 부위 중에서도 기름기가 적당한 삼겹살을 추천해요.

- 시판 콩비지 400g
- 익은 김치 1과 1/3컵(200g)
- 돼지고기 삼겹살 130g
- 애느타리버섯 1과 1/2줌
  (또는 느타리버섯이나 만가닥버섯, 80g)
- 대파 1/2대
- 풋고추 1개
- 홍고추 1/2개
- 들기름 1큰술
- 국간장 2큰술
- 새우젓 1/3~1/2작은술
- 북어국물 3컵(또는 쇠고기육수, 600㎖)
- * 밑국물 내기 14쪽

양념
- 고춧가루 1/2큰술
- 다진 파 1큰술
- 다진 마늘 2/3큰술
- 맛술 1큰술
- 다진 생강 1/2작은술
- 후춧가루 약간

tip — 맑은 콩비지찌개로 즐기기
김치 대신 돼지 등뼈나 우거지 등을 넣어 살짝 싱거운 맑은 콩비지찌개로 만들어도 맛있어요. 여기에 기호에 따라 간장 양념장을 곁들이세요.

집에서 콩비지 만들기
콩비지는 마트에서 살 수 있지만 집에서도 만들 수 있어요. 흰콩(또는 대두, 백태)을 넉넉한 물에 담가 5시간 이상 충분히 불린 후 믹서에 불린 콩 : 생수를 1 : 1 비율로 넣고 곱게 갈면 돼요.

1. 김치는 속과 양념을 훑어내고 3×3cm 크기로 썬다. 삼겹살은 1cm 두께로 썬다. 큰 볼에 양념 재료를 섞은 후 김치, 삼겹살을 넣고 버무린다.

2. 애느타리버섯은 밑동을 자르고 가닥가닥 뜯는다. 대파, 고추는 어슷 썬다.

3. 깊은 팬을 달군 후 들기름을 두르고 ①을 넣어 중간 불에서 고기가 익을 때까지 5분간 볶는다.

4. 북어국물을 붓고 센 불에서 끓인다. 끓어오르면 중약 불로 줄여 15분간 더 끓인다.

5. 콩비지를 넣고 7~8분간 저어가며 중약 불에서 끓인다.
* 마지막 과정까지 계속 뚜껑을 열고 끓여야 콩비지가 흘러넘치지 않아요.

6. 애느타리버섯, 국간장, 새우젓을 넣고 5분간 중약 불에서 끓인다. 대파, 고추를 넣고 끓어오르면 불을 끈다.

소문난 김치찌개 맛집을 능가하는 맛
돼지고기 김치찌개

- 3~4인분
- 약 1시간
  (+ 북어국물 만들기 1시간 20~30분)

명랑쌤 비법 김치의 익은 정도에 맞게 양념하기
김치가 묵은지처럼 많이 시다면 설탕을 2/3큰술 정도 넣으세요.
설탕의 단맛이 신맛을 많이 줄여줍니다.
반대로 김치가 시지 않거나 덜 익었다면 식초 1큰술을 추가하세요.
국물을 깔끔하게 만들고 싶다면 김치국물을 체에 밭쳐 넣으세요.

- 돼지고기 삼겹살 250g(또는 목살)
- 익은 김치 3과 1/3컵(500g)
- 김치국물 1컵(200㎖)
- 두부(찌개용) 200g
- 양파 1/2개
- 어슷 썬 청양고추 1~2개분
- 어슷 썬 대파 15cm분
- 다진 마늘 1큰술
- 북어국물 5컵(또는 멸치국물, 1ℓ)
  * 밑국물 내기 14쪽

돼지고기 양념
- 청주 1큰술
- 식용유 1/2큰술
- 참기름 1/2큰술
- 고춧가루 2작은술
- 다진 마늘 2작은술
- 다진 생강 1작은술
- 참치액 1작은술
- 후춧가루 약간

김치 양념
- 고춧가루 1큰술
- 설탕 1큰술
- 들기름 1큰술

1 돼지고기는 2×2cm 크기로 납작하게 썬 후 양념 재료에 버무려 30분간 재워둔다.

2 김치, 두부는 한입 크기로 썬다. 양파는 굵게 채 썬다.

3 달군 냄비에 ①을 넣고 중간 불에서 타지 않게 5분간 볶는다.

4 김치, 김치 양념 재료를 넣고 5분간 볶는다.

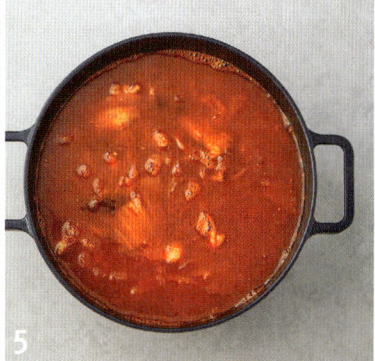

5 북어국물, 김치국물을 붓고 끓인다. 끓어오르면 15~20분간 더 끓인다.

6 두부, 양파, 어슷 썬 고추와 대파, 다진 마늘을 넣고 5분간 끓인다.

부대찌개

한 번 먹으면 멈출 수 없는 국물! 라면 사리도 필수

🍚 3~4인분
⏱ 40~45분
(+ 북어국물 만들기
1시간 20~30분)

- 저염 스팸 1통(300g)
- 베이컨 3줄
- 프랑크 소시지 3~4줄(250g)
  * 짭조름하고 부드러운 부대찌개 전용 소시지를 넣어도 돼요.
- 떡볶이 떡 10개
- 콩 통조림 1/3컵
- 슬라이스 치즈 1~2장
- 익은 김치 1과 1/3컵(200g)
- 김치국물 1컵(200㎖)
  * 김치국물이 많이 시면 생략해도 돼요.
- 두부(찌개용) 150g
- 양파 1/2개
- 콩나물 1줌(50g)
- 7cm 길이로 썬 쑥갓 5줄기분
- 어슷 썬 풋고추 2개분
- 어슷 썬 대파 1/2대분
- 소금 약간
- 후춧가루 약간
- 북어국물 4~5컵
  (또는 멸치국물이나 시판 사골국물,
  800~1000㎖)
  * 밑국물 내기 14쪽
  * 육가공품 상표에 따라 염도가 다르니 맛을 보고 밑국물 양을 조절하세요.

양념
- 고춧가루 2큰술
- 다진 마늘 1과 1/2큰술
- 맛술 2큰술
- 국간장 1큰술
- 고추장 1큰술
- 다진 생강 1작은술

명랑쌤 비법 1 육가공품, 건강하고 맛있게 즐기기
소시지, 햄 등의 기름기, 짠맛, 첨가물 등을 줄이기 위해 끓는 물에 데치는 분들이 있는데요, 이렇게 하면 특유의 풍미도 사라지고 싱거워진답니다. 체에 담아 그 위에 끓는 물을 골고루 끼얹는 정도면 충분해요. 또한 부대찌개는 끓으면서 소시지, 햄에서 짠맛이 빠져나오기 때문에 중간에 싱겁다고 간을 추가하면 나중에 많이 짜게 돼요.

명랑쌤 비법 2 떡을 쫄깃하게 익히기
찌개, 전골 등 국물요리에 떡을 넣을 경우에 떡을 물에 미리 불려 놓는데요, 이때 물에 소금(약간)을 넣으면 떡이 쉽게 퍼지지 않는답니다.

tip — 사리 넣어 다양하게 즐기기
부대찌개에 만두, 당면, 라면을 넣어 즐겨도 좋아요. 이때는 밑국물을 2컵 정도 추가하세요. 라면을 넣을 경우 간을 보며 라면 수프도 약간 넣으세요.

1 물(2와 1/2컵) + 소금(약간)에 떡볶이 떡을 넣고 10분간 둔다.
볼에 양념 재료를 섞어둔다.

2 두부는 0.8cm 두께로 먹기 좋게 썬다. 양파는 굵게 채 썬다. 김치는 한입 크기로 썬다. 콩나물은 씻어 준비한다.
* 콩나물 손질하기 39쪽

3 저염 스팸은 0.7cm 두께로 썬다.
베이컨은 2cm 폭으로 썬다.
프랑크 소시지는 얇게 어슷 썬다.

4 전골냄비에 북어국물, 김치국물을 뺀 나머지 재료를 가지런히 담는다.

5 북어국물, 김치국물을 붓고 센 불에서 끓인다.
끓어오르면 10분간 더 끓인다.
중간 불로 줄여 10분간 끓인 후
소금, 후춧가루로 간을 맞추고 불을 끈다.

간단한 집밥 메뉴나 캠핑 찌개로 강추

돼지고기 감자 고추장찌개

- 3~4인분
- 25~30분
  (+ 채소국물 만들기 1~2시간)

- 돼지고기 목살 250g (또는 찌개용)
- 감자(중간 크기) 2~3개
- 양파 3/4개
- 두부(찌개용) 150g
- 어슷 썬 대파 1/2대분
- 어슷 썬 청양고추 1개분
- 어슷 썬 홍고추 1/2개분
- 다진 마늘 1큰술
- 멸치액젓 약간
- 채소국물 5컵(또는 북어국물, 1ℓ)
  * 밑국물 내기 15쪽

돼지고기 밑간
- 고춧가루 1큰술
- 다진 마늘 1큰술
- 청주 1큰술
- 다진 생강 1작은술
- 된장 1작은술
- 참기름 1작은술
- 후춧가루 약간

양념
- 맛술 1큰술
- 멸치액젓 1/2큰술
- 고추장 3큰술
  * 재래고추장이나 집고추장은 염도가 높을 수 있으니 간을 보면서 양을 조절하세요.
- 후춧가루 약간

명랑쌤 비법 1 간이 부족하게 느껴진다면?
마지막 과정에서 맛을 봤는데 싱거우면 멸치액젓으로 간을 맞추세요.
소금보다 감칠맛이 풍부한 양념이랍니다.

명랑쌤 비법 2 된장과 돼지고기의 잡내 없애기
돼지고기와 된장에서 잡내가 날 수 있어요. 돼지고기 밑간에 된장을 넣고
과정 ②와 같이 볶으면 돼지고기의 누린내와 된장의 잡내가 날아가고,
끓이는 과정에서 감칠맛도 올라가 일석이조랍니다.

1 감자, 양파, 두부는 한입 크기로 큼직하게 썬다. 돼지고기는 1cm 두께로 썬다.
* 감자는 작게 썰면 부서지니 레시피대로 써세요.

2 달군 냄비에 돼지고기, 밑간 재료를 넣고 중간 불에서 돼지고기가 반 이상 익을 때까지 2~3분간 볶는다.

3 채소국물을 붓고 센 불에서 끓어오르면 양념 재료, 감자, 양파, 두부 순으로 넣고 감자가 익을 때까지 5~7분간 더 끓인다.

4 대파, 고추, 다진 마늘을 넣고 약한 불로 줄여 5분간 끓인다. 국물이 끓어오르면 멸치액젓으로 간을 맞춘다.

찌개 __ 83

닭개장
레시피 86쪽

육개장
레시피 88쪽

속이 확 풀리는 칼칼한 별미
닭개장

- 7~8인분
- 1시간 40분

- 닭 1마리(900g~1kg)
- 삶은 고사리 200g
- 느타리버섯 4줌(200g)
- 대파 30cm 6~7대(300g)
- 다진 마늘 1큰술
- 소금 약간
- 후춧가루 약간

육수
- 무 지름 10cm, 두께 1cm(100g)
- 대파 1대
- 마늘 5쪽
- 생강(마늘 크기) 1톨
- 건고추 2개
- 통후추 1/2큰술
- 청주 1/2컵(100㎖)
- 물 15컵(3ℓ)

닭고기 양념
- 고춧가루 3~4큰술
- 소금 1큰술
- 다진 마늘 1과 1/2큰술
- 국간장 2큰술
- 참치액 1큰술
- 참기름 2작은술
- 고추기름 1작은술
- 후춧가루 약간

명랑쌤 비법 1 시판 삶은 고사리는 요리 전 살짝 데치기
시판 삶은 고사리는 고사리를 대량으로 삶아 소분한 것이에요. 이 고사리를 물로만 헹구면 국물이 탁해지고 맛도 떨어지고 빨리 상할 수 있어요. 따라서 요리 전 데치면 좋아요. 다 익은 것이기 때문에 끓는 물에 2~3분간 부드럽게 데친 후 찬물에 헹구세요.

명랑쌤 비법 2 깔끔하고 감칠맛 나는 국물을 원한다면?
닭의 내장, 꽁지 부분 기름기, 등뼈 안쪽 핏덩어리는 누린내의 원인이니 꼼꼼히 제거하고 씻으세요. 육수를 끓일 때 닭을 처음부터 찬물에 넣고 서서히 끓여야 감칠맛이 잘 우러나요. 육수를 차게 식힌 후 면보에 거르면 기름기가 더 잘 분리되어 깔끔한 국물이 완성된답니다.

[닭 손질하기]

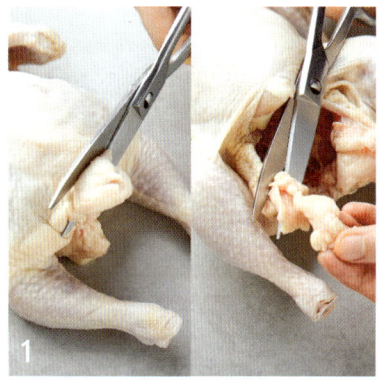

1 닭의 꽁지 부분 기름기를 가위로 잘라낸다.

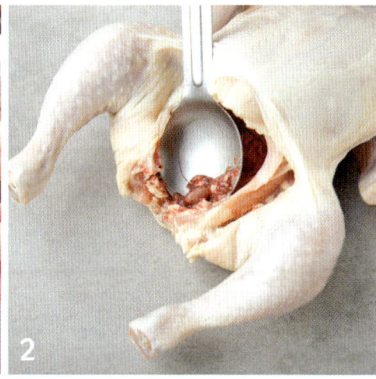

2 숟가락으로 등뼈 안쪽의 핏덩어리를 긁어낸다. 이때 내장이 있다면 함께 긁어낸다.

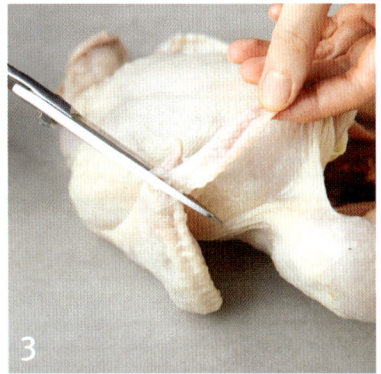

3 날개 끝부분에 가위로 살짝 칼집을 낸다.

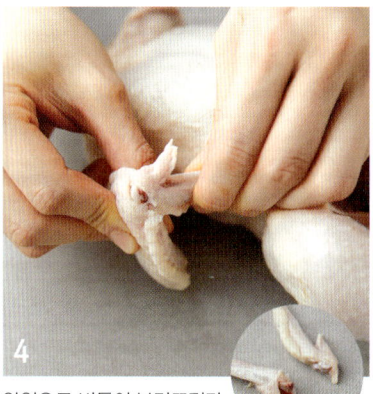

4 양옆으로 비틀어 부러뜨린다.
* 뼈를 부러뜨리면 뼈가 부스러지지 않고 깨끗하게 분리돼요.

5 흐르는 물에 등뼈 안쪽, 겉을 깨끗하게 씻는다.

[닭개장 끓이기]

큰 냄비에 손질한 닭, 육수 재료를 넣고 뚜껑이 반 정도 열리게 걸쳐 놓은 후 센 불에서 끓인다. 끓어오르면 중약 불로 줄여 30~35분간 더 끓인다.
* 닭고기 누린내 성분이 휘발성이므로 뚜껑을 열고 끓여야 없앨 수 있어요.

⑥을 한김 식힌다. 체에 면보를 올린 후 걸러 육수(11과 1/2컵)를 준비한다. 닭고기 살은 굵게 찢어 식힌다.

큰 볼에 닭고기 양념 재료를 넣고 섞는다. ⑦의 닭고기 살을 결대로 조금 굵게 찢은 후 양념에 조물조물 무친다.

냄비에 물을 넉넉히 넣고 센 불에서 끓인다. 끓어오르면 삶은 고사리를 넣고 2~3분간 데친다. 찬물에 헹궈 물기를 뺀 후 6cm 길이로 썬다. 대파는 6cm로 썬 후 길게 4등분한다. 느타리버섯은 밑동을 자르고 가닥가닥 뜯는다.

큰 냄비에 ⑦의 육수를 붓고 센 불에서 끓어오르면 ⑧, 데친 고사리, 느타리버섯을 넣는다. 다시 끓어오르면 중간 불로 줄여 15분간 더 끓인다.

대파, 다진 마늘을 넣고 5분간 끓인다. 소금, 후춧가루로 간을 맞춘 후 불을 끈다.
* 다진 부추를 넣어도 좋아요.

tip — 건고사리를 샀다면? 건고사리 삶기
1 건고사리는 넉넉한 물에 담가 3~4시간 불린다. 이때 물을 중간중간 2~3회 갈아준다.
2 냄비에 불린 고사리를 넣고 넉넉한 물을 부어 센 불에서 끓인다. 처음 끓인 물에는 약간의 독성이 있으므로 끓어오르면 물만 버린다. 다시 냄비에 쌀뜨물을 넉넉히 부어 끓어오르면 약한 불로 줄이고 부드러운 정도를 확인하며 20~30분간 삶는다.
* 쌀뜨물이 고사리 특유의 아린 맛을 없애주고 식감을 더 부드럽게 해요.
* 쌀뜨물은 쌀을 비벼가면서 씻으면 나오는 뽀얀 물로 보통 3~4번째 씻었을 때 나오는 물을 사용하면 돼요.

진하고 깊은 맛에 밥 한 그릇 뚝딱!

육개장

🍲 6~7인분
⏱ 2시간

- 쇠고기 양지 300g
- 삶은 고사리 100g
- 도라지 100g
- 대파(흰 부분 20cm) 2대
- 숙주 4줌(200g)
- 달걀 1개
- 다진 마늘 1큰술
- 소금 1~2작은술
- 후춧가루 1/6작은술

육수
- 무 지름 10cm, 두께 1cm(100g)
- 대파 1대(또는 대파 뿌리 3개)
- 생강(마늘 크기) 2톨
- 청주 4큰술
- 통후추 1작은술
- 다시마(10×10cm 크기) 1~2장
- 물 15컵(3ℓ)

양념
- 고운 고춧가루 3큰술
- 다진 마늘 2큰술
- 맛술 2큰술
- 국간장 3큰술
- 참치액 1큰술
- 고추기름 3큰술
- 소금 약간
- 후춧가루 약간

명랑쌤 비법 1 쇠고기 육수의 잡내 없애는 법

고기 잡내의 원인 중 하나인 핏물을 가장 먼저 빼야 합니다. 쇠고기를 찬물에 30분 정도 담가 핏물을 최대한 우려내 버리세요. 육수를 낼 때는 처음부터 찬물에 쇠고기를 넣고 함께 끓여야 감칠맛이 잘 우러나요. 이때 생기는 거품도 잡내의 원인이니 계속 걷어내세요.

명랑쌤 비법 2 고사리, 도라지, 대파를 살짝 데치는 이유

고사리, 도라지, 대파는 요리 전 끓는 물에 살짝 데치세요. 시판 삶은 고사리를 그대로 넣으면 국물이 탁해지고 빨리 쉬어요. 데치는 과정에서 쓴맛과 독성 물질도 빠진답니다. 도라지도 이 과정에서 쓴맛이 약해져요. 대파는 농약 성분이 많이 없어집니다. 이렇게 고사리, 도라지, 대파를 미리 살짝 데치면 각 재료들의 강한 풍미가 수그러들고 맛이 조화로워져요. 국물도 훨씬 깔끔하고 개운하고요.

tip 다른 재료 추가해 즐기기

기호에 따라 토란대(100g)를 넣어도 돼요. 토란대가 조금 질길 수 있으니 요리 전 쌀뜨물에 부드럽게 삶아서 넣으세요.

고추기름 만들기

재료 포도씨유 5컵(1ℓ), 채 썬 양파 1/4개, 얇게 송송 썬 대파 20cm분, 편 썬 마늘 4쪽분, 편 썬 생강 4조각, 고춧가루 1컵, 건고추씨 2~3큰술(생략 가능)

1 모든 재료를 준비한다.
2 냄비에 포도씨유, 양파, 대파, 마늘, 생강을 넣고 약한 불에서 중간중간 저어가며 자글자글 끓인다. 채소에 갈색이 나면 불을 끄고 고춧가루를 섞는다. 뚜껑을 덮고 1시간 정도 그대로 둔다.
  * 매운맛을 선호하면 고춧가루 또는 건고추씨를 더 넣어도 돼요.
3 ②를 약간 따뜻할 때까지 식힌다. 체에 키친타월이나 면보를 올리고 부어 고추기름만 모은다. 밀폐용기에 넣고 냉장 보관(2개월)한다.
  * 고추기름이 완전히 식으면 체에서 잘 안 내려가니 따뜻할 때 걸러주세요.

1

2

3

1
쇠고기는 비법 1을 참고해 핏물을 뺀다.
큰 냄비에 쇠고기, 다시마를 뺀 나머지 육수 재료를 넣고 센 불에서 끓인다. 끓어오르면 뚜껑이 1/3 정도 열리게 걸쳐 놓고 약한 불로 줄여 45분간, 다시마를 넣고 5분간 더 끓인다.

2
①을 한김 식힌 후 체에 면보를 올린 후 걸러 육수(10컵)를 준비한다. 쇠고기는 건져 한김 식힌 후 결대로 찢는다.
* 쇠고기는 결 반대 방향으로 썰어도 돼요.

3
볼에 달걀을 푼다.
고사리, 도라지는 10cm 길이로 썬다.
대파는 6cm 길이로 썬 후 길이로 4등분한다.
숙주는 흐르는 물에 씻는다.

4
큰 냄비에 넉넉한 물(채소가 잠길 분량)을 넣고 끓인다. 끓는 물에 대파, 도라지, 고사리 순으로 각각 30초씩 데친 후 건져 찬물에 헹군다. 체에 밭쳐 물기를 뺀다.

5
큰 볼에 양념 재료를 골고루 섞은 후 ②의 쇠고기, ④의 채소를 넣고 가볍게 버무린다.

6
냄비에 ②의 육수를 붓고 센 불에서 끓인다.
끓어오르면 ⑤를 넣고 중약 불로 줄여 20분간 더 끓인 후 숙주를 넣는다.

7
다시 끓어오르면 다진 마늘, 소금, 후춧가루를 넣고 달걀을 붓는다. 1분간 그대로 두어 달걀이 익으면 살살 젓는다. 국물이 끓으면 불을 끈다.
* 달걀을 넣은 후 바로 저으면 국물이 탁해져요.

맛과 영양이 꽉 찬, 다른 반찬이 필요 없는 찌개

차돌 우거지찌개

🍲 3~4인분
⏱ 1시간
(+ 다시마국물 만들기 40~45분)

- 쇠고기 차돌박이 120g
- 얼갈이배추 8~10포기(500g)
- 어슷 썬 청양고추 2개분
- 송송 썬 대파 1/3컵
- 소금·후춧가루 약간씩
- 다진 부추 1/4컵(생략 가능)
- 들깻가루 1큰술(생략 가능)
- 다시마국물 5컵(또는 채소국물, 1ℓ)
  * 밑국물 내기 12쪽

얼갈이배추 양념
- 된장 3큰술
  * 재래된장이나 집된장은 염도가 높을 수 있으니 간을 보면서 양을 조절하세요.
- 고춧가루 1작은술
- 참치액 1작은술
- 꿀 1작은술
- 다시마국물 1/2컵(또는 채소국물, 100㎖) * 밑국물 내기 12쪽

차돌박이 양념
- 다진 마늘 1과 1/2큰술
- 청주 2큰술
- 고추장 1/2큰술
- 다진 생강 1/2작은술
- 후춧가루 약간

명랑쌤 비법 더 맛있게 만들고, 먹는 방법
얼갈이배추와 차돌박이를 미리 각각의 양념에 재워뒀다가 끓이면 더욱 깊은 맛이 나요. 된장은 쓴맛, 떫은맛, 잡내가 나는데 꿀을 소량 넣으면 부드러운 단맛으로 감춰져요. 마지막 과정에 다진 부추와 들깻가루를 넣었어도 먹을 때마다 추가하면 맛이 더 좋아요. 없다면 생략해도 돼요.

1. 얼갈이배추는 손질한다. 끓는 물(7과 1/2컵) + 소금(1~2큰술)에 2분간 데친 후 찬물에 헹구고 체에 밭쳐 물기를 뺀다. 5~6cm 길이로 썬다.
* 얼갈이배추 손질하기 44쪽

2. 얼갈이배추, 차돌박이는 각각 양념 재료에 골고루 버무려 20분간 재운다.

3. 달군 냄비에 양념한 얼갈이배추를 넣고 센 불에서 5분간 볶는다. 다시마국물을 붓고 끓어오르면 중약 불로 줄여 10분간 더 끓인다.

4. ②의 차돌박이를 넣고 6~7분간 끓인 후 고추, 대파 순으로 넣고 약한 불로 줄여 5분간 더 끓인다.

5. 소금, 후춧가루로 간을 맞춘다. 다진 부추, 들깻가루를 넣고 불을 끈다.

푸짐한 별미로 더 맛있게 즐기는
탕·전골

국, 찌개가 일상적으로 먹는 국물요리라면
탕과 전골은 특별한 날 먹는 근사한 국물요리예요.
고기, 생선, 해산물 등이 많이 들어가 푸짐하고 맛도 진하지요.
단, 이들 재료는 손질이나 조리 등을 잘못하면
잡내가 날 수 있어요. 손질할 때는 잡내의 원인이 되는
내장, 핏물, 기름기 많은 부위 등을 꼼꼼히 제거하세요.
조리할 때는 뚜껑을 열고 끓여 잡내 성분을 날리세요.
특유의 잡내는 향신 재료로도 잡을 수 있답니다.
해산물이 주재료일 경우에는 미나리, 쑥갓 등이 잘 어울리고,
육류가 주재료일 경우에는 마늘, 생강 등이 좋아요.
국물의 분량은 탕의 경우 넉넉하게,
전골은 주재료의 높이와 비슷하게 맞춰 넣으면 돼요.
전골은 식탁에서 끓이면서 먹는기도 하는데
이때는 모든 재료를 한꺼번에 넣고 끓이니
단단한 재료는 얇게, 부드러운 재료는 조금 두껍게 썰어야
익는 시간이 비슷해져 더 맛있게 즐길 수 있어요.

어묵탕
레시피 96쪽

우엉 들깨탕
레시피 98쪽

순두부 들깨탕
레시피 99쪽

탕과 전골 __ 95

쌀쌀해지면 더 생각나는 뜨끈한 국물요리
어묵탕

- 5~6인분
- 1시간 30분

- 두꺼운 어묵 600g
- 냉동 유부 5개
- 배춧잎 5장
- 미나리 약 1줌(80g)
- 당근(중간 크기) 1/2개
- 대파 20cm
- 소금 약간
- 후춧가루 약간

가다랑어포국물
- 가다랑어포 6~7컵(50g)
- 무 지름 10cm, 두께 4cm(400g)
- 다시마(10×10cm 크기) 3~4장(30g)
- 대파 1대
- 구운 멸치(중간 크기) 20~30마리
  * 멸치는 기름 두르지 않고 달군 팬에 중간 불에서 1~2분간 구워요.
- 건고추 3개
- 물 15컵(3ℓ)

양념
- 맛술 2큰술
- 양조간장 2큰술
- 참치액 1큰술
- 다진 마늘 2작은술
- 소금 약간
- 후춧가루 약간

▌**명랑쌤 비법** 가공식품 건강하게 즐기기
어묵, 유부 등 튀겨서 나온 가공식품은 요리 전에 끓는 물에 1~2분간 데치면 식품첨가물과 기름기를 없앨 수 있어요.

1 큰 냄비에 가다랑어포를 뺀 나머지 국물 재료를 넣고 중간 불에서 끓인다. 끓어오르면 약한 불로 줄여 30분간 더 끓인다.

2 가다랑어포를 넣고 바로 불을 끈 후 25분간 뚜껑을 덮어둔다.

3 체에 면보를 올린 후 ②를 걸러 가다랑어포국물(10컵)을 준비한다. 밑국물을 낸 무는 건져서 큼직하게 썬다.
* 밑국물의 양이 부족한 경우 물을 더하세요.

4 어묵, 냉동 유부는 한입 크기로 썬다. 당근은 모양을 내서 먹기 좋게 썬다. 대파는 어슷 썬다.

tip — **만들어둔 밑국물을 활용하는 방법**
가다랑어포국물은 미리 만들어둔
다시마국물(12쪽)이나 멸치국물(13쪽),
북어국물(14쪽)로 대체해도 돼요.
맛이 순한 다시마나 북어국물을 쓸 경우
양념 재료의 양조간장, 참치액을
시판용 쯔유로 대체하면
국물 맛을 더 진하게 낼 수 있답니다.

간단하게 만들기
시간이 부족해 과정 ⑥을 할 수 없다면
배춧잎 2~3장만 큼직하게 썰어 과정 ⑨에
넣어도 됩니다. 시원한 국물 맛이 완성돼요.
이때 미나리, 당근은 생략하세요.

5 냄비에 물(5컵) + 소금(1큰술)을 센 불에서
끓인다. 끓어오르면 배춧잎, 미나리, 당근을
숨이 죽을 정도로만 살짝 데친 후
찬물로 헹궈 체에 밭쳐 물기를 뺀다.
* 채소를 소금물에 데치면 색이 선명해지고
돌돌 말기 쉬워요.

6 배춧잎을 2~3장 겹치게 펼친 후 미나리 1/2분량을 올려 돌돌 만다.
이때 미나리는 일부 남겨 배추가 풀어지지 않게 묶는다.
한입 크기로 썬다. 같은 방법으로 하나 더 만든다.

7 냄비에 물을 넉넉히 붓고 센 불에서 끓인다.
끓어오르면 어묵, 냉동 유부를 넣고
1~2분간 데친 후 체에 밭쳐 물기를 뺀다.
* 어묵 두께에 따라 데치는 시간을 조절하세요.

8 큰 냄비에 ③의 국물을 붓고 양념 재료를
섞는다. ③의 무, ⑦을 넣고 센 불에서
끓어오르면 중약 불로 줄여 10분간 더 끓인다.

9 소금, 후춧가루, 대파, 당근, ⑥을 넣고
끓어오르면 불을 끈다.

환절기 가족 건강을 지켜주는 영양 가득 별미탕
우엉 들깨탕

- 4~5인분
- 45~50분
  (+ 다시마국물 만들기 40~45분)

- 우엉 200g
- 표고버섯 3개
- 조랭이 떡 200g
- 두부(찌개용) 150g
- 송송 썬 풋고추 1/2개분
- 송송 썬 홍고추 1/2개분
- 국간장 1과 1/2큰술
- 거피 들깻가루 1컵
  * 거피 들깻가루 알아두기 99쪽
- 소금 약간
- 후춧가루 약간
- 다시마국물 8컵(또는 채소국물, 1.6ℓ)
  * 밑국물 내기 12쪽

명랑쌤 비법 1 우엉을 식촛물에 담가두는 이유
우엉은 특유의 떫은맛이 있고 껍질을 벗기면 색이 금방 변해요.
껍질을 벗긴 후 썰어서 잠길 만큼의 물 + 식초(1큰술)에
30분 정도 담가두면 떫은맛이 없어지고 변색되는 것도 막을 수 있어요.

명랑쌤 비법 2 들깻가루는 살짝 끓이기
들깻가루를 처음부터 넣고 오래 끓이면 기름이 빠져나와
오히려 풍미가 떨어져요. 과정 ⑤에 넣고 짧게 끓여야 고소한 맛이 살아요.
기호에 따라 국그릇에 담고 먹기 직전에 더 넣어도 좋아요.

1
우엉은 솔로 문질러 씻은 후
필러로 껍질을 벗긴다.

2
우엉은 길이로 2등분한 후 얇게 어슷 썰어
식촛물에 담가둔다.(비법 1 참고)
표고버섯은 꼭지를 떼고 모양대로 얇게 썬다.

3
조랭이 떡은 물(2와 1/2컵) + 소금(약간)에
20분간 담가둔다. 두부는 조랭이 떡 크기로
썬 후 소금(약간)을 뿌려둔다.

4
냄비에 우엉, 다시마국물, 국간장을 넣고
센 불에서 끓어오르면 약한 불로 줄여
뭉근하게 30분간 더 끓인다.

5
거피 들깻가루, 표고버섯, 조랭이 떡, 두부를 넣고
끓어오르면 중간 불로 올려 5분간 더 끓인다.
고추를 넣은 후 소금, 후춧가루로 간을 맞춘다.

맛이 순하고 소화가 잘 되어 아침 식사로도 제격

순두부 들깨탕

- 4~5인분
- 35~40분
  (+ 북어국물 만들기 1시간 20~30분)

- 순두부 700g (또는 연두부)
- 생새우살(중간 크기) 15마리
- 조랭이 떡 200g
- 느타리버섯 2줌(100g)
- 대파 15cm
- 풋고추 1개
- 홍고추 1/2개
- 청주 1큰술
- 북어국물 5컵
  (또는 다시마국물이나 채소국물, 1ℓ)
  ★ 밑국물 내기 14쪽

양념
- 국간장 1큰술
- 참치액 1큰술
- 맛술 1큰술
- 다진 마늘 2작은술
- 거피 들깻가루 1컵
- 소금 약간
- 후춧가루 약간

tip — 겨울에는 굴 활용하기
겨울에는 생새우살은 제철 굴(3/4~1컵)로 대체해도 돼요.

명랑쌤 비법 생들깻가루로 부드러운 맛을 내려면?

거피 들깻가루는 껍질을 벗겨 곱게 간 것이라서 다양한 요리에 잘 어울려요. 시판 들깻가루의 대부분은 거피한 것이지요. 간혹 껍질째 간 생들깻가루도 판매하는데 껍질 때문에 식감이 까슬까슬할 수 있어요. 이 경우 그냥 먹어도 되지만 부드러운 맛을 원한다면 물을 넣어 곱게 간 다음 체에 밭쳐 껍질을 분리해서 쓰세요.

1. 조랭이 떡은 물(2와 1/2컵) + 소금(약간)에 20분간 담가둔다. 순두부는 체에 밭쳐 물기를 뺀다. 생새우살에 청주를 끼얹어둔다.

2. 느타리버섯은 가닥가닥 뜯는다. 대파, 풋고추, 홍고추는 얇게 송송 썬다.

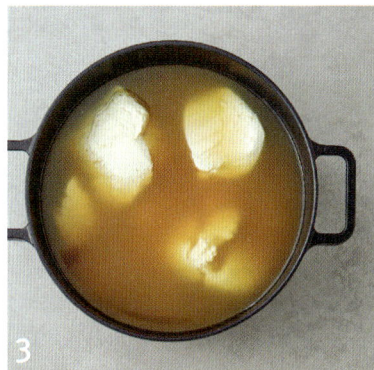

3. 냄비에 순두부, 북어국물, 국간장, 참치액, 맛술을 넣고 센 불에서 끓인다.

4. 끓어오르면 생새우살, 조랭이 떡, 느타리버섯, 다진 마늘을 넣고 끓인다.

5. 국물이 끓어오르면 거피 들깻가루, 대파, 고추 순으로 넣고 중간 불에서 5분간 더 끓인다. 소금, 후춧가루로 간을 맞춘다.

좋은 재료와 비법 레시피로 도전하는 대표 보양식

삼계탕

- 2인분
- 1시간 30분
  (+ 다시마국물 만들기 40~45분)

- 닭 1마리(또는 영계 2마리, 닭볶음탕용, 1~1.2kg)
- 수삼 1뿌리(또는 황기, 감초)
- 양파 3/4개
- 마늘 10쪽
- 편 썬 생강 2조각
- 대파 1대 + 송송 썬 대파 1/2컵
  * 송송 썬 대파는 다진 부추로 대체해도 돼요.
- 깐 밤 7~10알
- 대추 5개
- 청주 1/3컵(60~70㎖)
- 소금 약간
- 후춧가루 약간
- 다시마국물 15컵
  (또는 물이나 채소국물, 3ℓ)
  * 밑국물 내기 12쪽

명랑쌤 비법 잡내 나지 않는 깔끔한 국물 완성하기

닭의 내장, 꽁지 부분 기름기, 등뼈 안쪽의 핏덩어리는 누린내의 원인이니 86쪽을 참고해 꼼꼼하게 손질하세요. 국물이 끓으면서 생기는 거품, 기름기도 잡내의 원인이니 계속 걷어내세요.

1 수삼은 솔로 문질러 닦은 후 윗부분 1cm를 도려낸다. 닭을 깨끗하게 손질한다.
* 닭 손질하기 86쪽

2 큰 냄비에 다시마국물, 닭, 수삼, 양파, 마늘, 생강, 대파(1대), 밤, 대추, 청주를 넣는다. 뚜껑이 1/3 정도 열리게 걸쳐 놓고 센 불에서 끓인다.

3 국물이 끓어오르면 중약 불로 줄인 후 뚜껑이 반 정도 열리게 걸쳐 놓고 45분간 닭고기가 부드럽게 익을 때까지 끓인다. 이때 거품, 기름기를 계속 걷어낸다.

4 불을 끄고 체로 양파, 마늘, 생강, 대파를 건진다. 그릇에 담고 소금, 후춧가루, 송송 썬 대파를 곁들인다.
* 불 끄기 전 부추, 쪽파를 넣고 살짝 더 끓여 완성해도 돼요.

tip — 닭곰탕으로 즐기기
과정 ②에서 수삼을 생략하면 닭곰탕으로 즐길 수 있어요. 무(또는 배추)를 3×4cm 크기로 납작하게 썰어 과정 ②까지 진행한 후 넣으면 국물이 더 시원해집니다.

압력솥으로 익히기
과정 ①을 마친 후 압력솥에 모든 재료를 넣고 뚜껑을 덮어 중간 불에서 25분간 끓이면 돼요. 완성 후에는 국물에 떠오른 기름기를 걷어내세요.

탕과 전골

새콤달콤 시원하게 즐기는 여름철 별미
초계탕

- 3~4인분
- 약 1시간

- 닭가슴살 4쪽(400g)
- 오이, 당근, 적양배추, 파프리카, 배 등 총 300~350g
- 송송 썬 실파 약간
- 통깨 2작은술

육수
- 양파 1/2개
- 대파 1대
- 편 썬 생강 2조각
- 통후추 1/2큰술
- 청주 2큰술
- 다시마(10×10cm 크기) 2장
- 물 7컵(1.4ℓ)

밑국물
- 동치미국물 2컵 (또는 시판 동치미 냉면육수, 400㎖)
- 국간장 2큰술
- 식초 4큰술
- 매실청 3큰술
- 연겨자 1/2큰술
- 꿀 1과 1/2큰술
- 소금 약간

명랑쌤 비법 닭 비린내 줄이는 한끗
국물을 차갑게 해서 즐기는 요리의 특성상 닭 비린내가 날 수 있어요. 레시피의 육수 재료를 빠짐없이 넣고, 끓일 때는 뚜껑을 열어 닭 비린내 성분이 날아가도록 하세요.

tip — 재료 추가해 다양하게 즐기기
초계탕은 시원하게 즐기는 여름 요리로 제철 과일인 수박, 참외 등을 추가해도 잘 어울려요. 육수 분량을 2배로 늘리고 삶은 메밀국수 또는 냉면을 넣으면 한 끼 식사로도 즐길 수 있어요.

1 냄비에 닭가슴살, 육수 재료를 넣고 센 불에서 끓어오르면 약한 불로 줄여 25분간 더 끓인 후 한김 식힌다.

2 체에 면보를 올린 후 ①을 걸러 육수(5컵)를 준비해 큰 밀폐용기에 담는다. 닭가슴살은 잘게 찢는다.

3 ②의 육수에 밑국물 재료를 섞은 후 냉장실에 넣어 차게 한다.

4 오이, 당근, 적양배추, 파프리카, 배 등의 채소와 과일은 모두 가늘게 채 썬다.

5 그릇에 잘게 찢은 닭고기, ④, 송송 썬 실파, 통깨 순으로 담고 ③을 붓는다.

단호박 꽃게탕
레시피 106쪽

우럭 매운탕
레시피 108쪽

유명한 꽃게탕 맛집처럼 단호박을 넣어 더 맛있게
단호박 꽃게탕

암꽃게 　숫꽃게

- 3~4인분
- 45~50분
  (+ 다시마국물 만들기 40~45분)

- 꽃게 2~3마리(1kg)
- 건새우 2큰술(또는 보리새우)
- 단호박 1/4개(200g)
- 무 지름 10cm, 두께 1.5cm(150g)
- 양파 1/2개
- 어슷 썬 대파 20cm분
- 어슷 썬 청양고추 1개분
- 어슷 썬 홍고추 1개분
- 쑥갓 1줌(50g)
- 다시마국물 10컵
  (또는 채소국물이나 쌀뜨물, 2ℓ)
  * 밑국물 내기 12쪽

양념
- 된장 3큰술
  * 재래된장이나 집된장은 염도가 높을 수 있으니 간을 보면서 양을 조절하세요.
- 고추장 1큰술
- 국간장 1큰술
- 고춧가루 2작은술
- 청주 2큰술
- 다진 마늘 1과 1/2큰술
- 다진 생강 1/2작은술
- 후춧가루 약간

명랑쌤 비법 1 계절 따라 좋은 꽃게 고르는 법
봄은 배딱지가 둥근 암꽃게가 제철로 알이 꽉 차 게장을 담그기 좋고, 가을에는 배딱지가 가늘고 뾰족한 숫꽃게가 제철로 살이 많아 찜, 탕요리에 적합해요. 떨어진 다리가 없고 껍데기가 단단한 것, 절단해 냉동한 것보다는 살아있는 꽃게를 고르세요.

명랑쌤 비법 2 꽃게 비린내 없애기
된장, 청주, 다진 마늘, 다진 생강을 넣으면 꽃게의 비린내가 없어져 깔끔한 국물이 완성돼요. 비린내를 유발하는 성분이 휘발성이므로 끓일 때 뚜껑을 살짝 열어 놓아야 그 냄새가 날아갑니다.

[꽃게 손질하기]

1
꽃게는 조리용 솔(또는 수세미)로 꼼꼼히 문질러 씻는다. * 꽃게가 살아있을 경우 배 쪽에 뜨거운 물을 붓거나 냉동실에 잠깐 넣어 기절시킨 후 손질하세요.

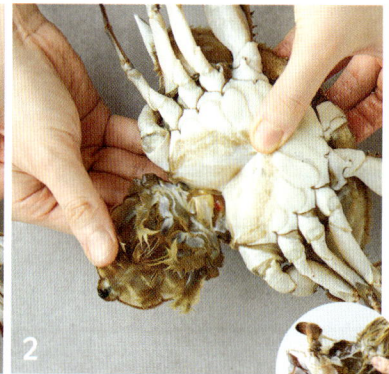

2
배딱지를 먼저 떼낸 후 몸통과 등딱지 사이에 양쪽 엄지손가락을 넣어 힘주어 분리한다. * 등딱지의 내장이 흘러나오지 않게 주의하세요.

3
가위로 몸통에 붙어있는 아가미를 잘라낸다.

4
눈쪽에 붙어 있는 입, 모래주머니를 잘라낸다.

다리 끝부분, 등딱지의 뾰족한 양 끝을 잘라낸다.

[꽃게탕 끓이기]

무는 4×4cm 크기로 납작하게 썬다.
단호박은 껍질째 무보다 조금 크게 썬다.
양파는 채 썬다.

큰 냄비에 다시마국물, 건새우, 무, 된장,
고추장, 국간장, 고춧가루를 넣고 센 불에서
끓인다. 끓어오르면 꽃게, 청주를 넣고
중간 불로 줄여 5분간 더 끓인다.

단호박, 양파, 어슷 썬 대파와 고추,
다진 마늘과 생강을 넣은 후 뚜껑이 살짝
열리게 걸쳐 놓고 중간 불에서 15분간 끓인다.

먹기 좋게 썬 쑥갓, 후춧가루를 넣고
국물이 끓어오르면 바로 불을 끈다.

시원하고 칼칼하게 끓인 생선 매운탕의 정석
우럭 매운탕

- 3~4인분
- 45~50분
  (+ 채소국물 만들기 1~2시간)

- 우럭 1~2마리(600g)
- 해감 모시조개 10개(200g)
  * 해감 및 손질하기 113쪽
- 콩나물 2줌(100g)
- 무 지름 10cm, 두께 1.5cm(150g)
- 양파 1/4개
- 미나리 1줌(70g)
- 쑥갓 1줌(50g)
- 어슷 썬 대파 30cm분
- 어슷 썬 청양고추 2개분
- 어슷 썬 홍고추 1개분
- 다진 마늘 1과 1/2큰술
- 다진 생강 1/2큰술
- 소금 약간
- 후춧가루 약간
- 채소국물 5컵
  (또는 다시마국물이나 북어국물, 1ℓ)
  * 밑국물 내기 15쪽

양념
- 고춧가루 3큰술
- 청주 2큰술
- 맛술 1큰술
- 국간장 1큰술
- 고추장 1큰술
- 된장 1/2큰술
- 참기름 1작은술

tip — **더 매콤하게 즐기기**
매운맛을 좋아한다면 고추장, 고춧가루, 청양고추를 더 넣어도 돼요.

신선한 우럭 고르기
눈이 맑고 탄력이 있으며 아가미 안쪽이 붉고 끈적이지 않는 것을 고르세요.

명랑쌤 비법 1 풍미 살려 깔끔하게 끓이기
우럭 손질 시 아가미, 내장, 핏물을 꼼꼼하게 제거해야 국물이 깔끔해요.
마지막 과정 ⑩에서 향이 강한 미나리, 쑥갓을 넣고 뚜껑을 덮어 끓이면
그 향이 매운탕에 골고루 배어 풍미가 좋아져요.

명랑쌤 비법 2 우럭 살 부서지지 않게 끓이려면?
손질한 우럭을 체에 받쳐 뒤집어가며 위, 아래로 끓는 물을 끼얹으면 끓이는 도중 생선 살이
덜 부서져요. 비린내 제거 효과도 있고요. 또한 생선은 찬물에서부터 넣지 말고 국물이 끓을 때
넣어야 생선 껍질의 콜라겐 성분이 응고되어 생선 살에 탄력이 생기고 부서지지 않는답니다.

[우럭 손질하기]

1 우럭은 칼로 꼬리에서 대가리 쪽으로 비늘을 긁어낸 후 흐르는 물에 씻는다.

2 가위로 지느러미, 꼬리를 잘라낸다.

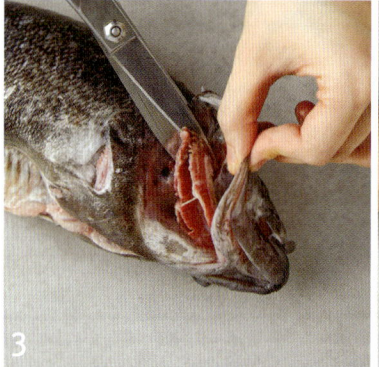

3 아가미를 잘라낸다.

4 칼로 배를 가른 후 내장은 떼어내고 뼈에 붙은 피를 긁어낸다.

우럭 살에 끓는 물을 붓기 전과 후

5 흐르는 물에 깨끗하게 씻는다.

6 손질한 우럭은 4등분한 후 체에 밭쳐 위, 아래로 끓는 물을 붓는다.
* 우럭에 끓는 물을 부으면 살이 덜 부서지고 비린내도 없어져요.

[매운탕 끓이기]

7 무는 4×4cm 크기로 납작하게 썬다. 양파는 채 썬다. 미나리, 쑥갓은 7cm 길이로 썬다. 콩나물은 씻어 준비한다.
* 콩나물 손질하기 39쪽

8 큰 냄비에 채소국물, 무, 양념 재료를 넣고 센 불에서 끓어오르면 중간 불로 줄여 5분간 더 끓인다.

9 우럭, 콩나물, 양파, 모시조개 순으로 넣고 중간 불에서 끓어오르면 뚜껑이 반 정도 열리게 걸쳐 놓고 10~15분간 더 끓인다. 이때 거품을 계속 걷어낸다.

10 어슷 썬 대파와 고추, 미나리, 쑥갓, 다진 마늘과 생강을 넣고 뚜껑을 덮어 2~3분간 끓인다. 소금, 후춧가루로 간을 맞춘다.

낙지 연포탕
레시피 112쪽

볼낙전골
레시피 114쪽

탕과 전골

피로 회복과 기력 보충에 탁월한 국물요리
낙지 연포탕

- 4~5인분
- 45~50분
  (+ 다시마국물 만들기 40~45분)

- 낙지 3마리(400g)
- 해감 모시조개 10개(200g)
- 껍질 있는 중새우 5~6마리
- 두부(찌개용) 200g
- 무 지름 10cm, 두께 1.5cm(150g)
- 알배기배추 3~4장
- 미나리 약 1줌(60g)
- 채 썬 양파 1/4개분
- 어슷 썬 대파 1/2대분
- 어슷 썬 청양고추 1~2개분
- 어슷 썬 홍고추 1개분
- 다진 마늘 2큰술
- 다진 생강 1/2작은술
- 소금 약간
- 후춧가루 약간
- 다시마국물 7과 1/2컵
  (또는 북어국물이나 채소국물, 1.5ℓ)
  * 밑국물 내기 12쪽

양념
- 청주 2큰술
- 국간장 2큰술
- 멸치액젓 1큰술

명랑쌤 비법 1 국물 맛을 더 좋게 하려면?
새우를 껍질째 넣고 끓이면 새우 머리와 껍질 등에서 감칠맛이 우러나와 국물 맛이 더 풍부해져요. 국물을 끓일 때 생기는 거품은 잡내의 원인이니 계속 걷어내세요.

명랑쌤 비법 2 낙지 더 맛있게 즐기기
낙지를 씻을 때 설탕을 넣으면 연육 작용이 일어나서 식감이 부드러워져요. 낙지는 오래 끓이면 질겨질 수 있으니 레시피대로 과정 ⑧에 넣고 살짝 익히세요. 이때 썰지 말고 통째로 넣어야 고유의 풍미가 잘 유지됩니다. 미리 썰어서 익히면 질겨지니 먹기 직전에 가위로 자르세요.

[낙지 손질하기]

1 볼에 낙지, 설탕(1/2컵)을 넣고 박박 문지른 후 물에 3~4회 헹군다.

2 가위로 낙지의 머리 한쪽을 가른다.

3 알은 그대로 두고 내장을 자른다.

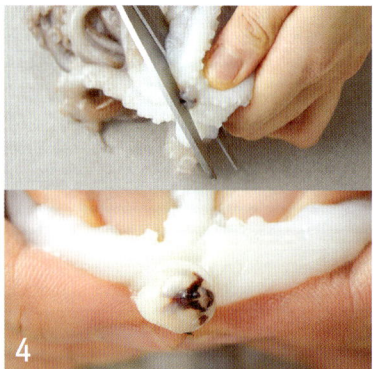

4 다리를 뒤집은 후 가위로 입 주변을 2등분한다. 이 부분을 눌러 튀어나온 뼈를 제거한다. 몸통에 붙은 눈을 잘라낸다.

5 해감 모시조개는 맑은 물에 헹군다.
* 모시조개 해감하기 113쪽

[연포탕 끓이기]

6 무, 배추, 두부는 3×3cm 크기로 납작하게 썬다. 미나리 6cm 길이로 썬다.

7 큰 냄비에 다시마국물, 무, 배추를 넣고 센 불에서 끓인다. 끓어오르면 중간 불로 줄여 7분간 더 끓인다.

8 국물이 끓어오르면 새우, 양파, 모시조개, 양념 재료, 두부, 낙지 순으로 넣는다. 낙지, 새우가 익을 때까지 중간 불에서 5분 이상 끓인다.

9 어슷 썬 대파와 고추, 다진 마늘과 생강, 미나리, 소금, 후춧가루를 넣고 한소끔 끓여 완성한다. 이때 거품을 계속 걷어낸다.
* 낙지는 먹기 직전에 가위로 자르세요.

tip — **모시조개 해감하기**
해감되지 않은 모시조개를 샀을 때는 불투명한 큰 볼에 물(10컵) + 굵은소금(4큰술)을 섞은 후 모시조개를 넣고 검은 비닐이나 쟁반, 쿠킹포일 등으로 덮어 빛을 차단해 냉장실에서 30분 이상 해감하세요. 이때 쇠숟가락을 함께 넣으면 불순물(해감)을 더 빨리 뱉어냅니다.

연포탕 알아두기
연포탕은 맑은 국물에 각종 채소와 낙지를 살짝 익혀서 먹는 요리예요. 부드러운 낙지와 개운한 국물이 일품이지요. 남쪽 지방에서는 여름 채소인 박을 넣고 개운하게 끓이기도 합니다.

불고기와 낙지의 콜라보! 풍성한 맛의 인기 전골

불낙전골

- 4~5인분
- 40~45분
  (+ 다시마국물 만들기 40~45분)

- 쇠고기 불고기용 200g
- 낙지 3마리(400g)
- 팽이버섯 1봉지(100g)
- 느타리버섯 2와 1/2줌(약 120g)
- 표고버섯 4~5개
- 미나리 약 1줌(80g)
- 쑥갓 1줌(50g)
- 당근(중간 크기) 1/6개
- 양파 1/2개
- 깻잎 10장
- 어슷 썬 대파 1/2대분
- 어슷 썬 청양고추 2개분
- 어슷 썬 홍고추 1개분

낙지 양념
- 고춧가루 1큰술
- 다진 파 1큰술
- 다진 마늘 1큰술
- 청주 1큰술
- 맛술 1큰술
- 양조간장 1큰술
- 고추장 1큰술
- 다진 생강 1/2작은술
- 후춧가루 약간

쇠고기 양념
- 다진 파 1큰술
- 다진 마늘 1큰술
- 청주 1큰술
- 맛술 1큰술
- 양조간장 1큰술
- 참기름 1/2큰술
- 설탕 1작은술
- 통깨 1작은술
- 후춧가루 약간

전골 국물
- 국간장 1/2큰술
- 참치액 1/2큰술
- 소금 약간
- 후춧가루 약간
- 다시마국물 5컵(또는 북어국물, 1ℓ)
  * 밑국물 내기 12쪽

명랑쌤 비법 낙지 더 맛있게 즐기기

낙지를 씻을 때 설탕을 더하면 연육 작용을 해서 끓였을 때 낙지의 식감이 부드러워져요. 낙지는 오래 끓이면 질겨질 수 있으니 낙지부터 건져 먹도록 하세요.

1
볼에 낙지, 설탕(1/2컵)을 넣고 박박 문지른 후 물에 3~4회 헹궈 손질한다.
* 낙지 손질하기 112쪽

2
손질한 낙지는 5~6cm 길이로 자른 후 낙지 양념 재료에 버무린다.

3 쇠고기는 키친타월로 감싸 핏물을 없앤 후 먹기 좋게 썰어서 쇠고기 양념 재료에 버무린다.

4 큰 냄비에 전골 국물 재료를 넣고 센 불에서 끓어오르면 불을 끈다.
* 국물을 미리 뜨겁게 준비하세요.

5 미나리, 쑥갓은 6cm 길이로 썬다. 표고버섯은 밑동을 떼고 얇게 썬다. 당근은 표고버섯과 비슷한 크기로 얇게 썬다.

6 양파는 굵게 채 썬다. 깻잎은 3~4등분한다. 팽이버섯과 느타리버섯은 밑동을 자르고 가닥가닥 뜯는다.

7 전골 냄비에 팽이버섯, 쑥갓, 깻잎을 뺀 나머지 재료들을 모두 돌려 담고 ④의 전골 국물을 붓고 센 불에서 끓인다.

8 국물이 끓어오르면 중간 불로 줄여 10분간 더 끓인다. 팽이버섯, 쑥갓, 깻잎을 넣고 1~2분간 끓인 후 먹는다. 이때 거품을 계속 걷어낸다.

tip – 남은 국물을 다양하게 활용하기

국물을 조금 더 넉넉하게 준비해 고기, 낙지, 버섯 등을 건져 먹은 후 국물을 더해 칼국수, 당면 등을 끓여 먹으면 별미예요.
국물을 덜어내 밥의 반 정도 분량이 되게 남긴 후
밥 1공기(250g), 다진 양파·당근·쪽파 1/4컵씩, 잘게 썬 김치 1/2컵,
참기름·통깨 1큰술씩, 조미김 2~3큰술을 넣고 볶아 먹어도 좋아요.

돼지목살 김치전골
레시피 118쪽

등갈비 시래기 콩탕
레시피 120쪽

한국인이 가장 좋아하는 푸짐한 국물요리
돼지목살 김치전골

- 4~5인분
- 약 1시간
  (+ 북어국물 만들기
  1시간 20~30분)

- 얇게 썬 돼지고기·목살 200g
- 신김치 2와 2/3컵(400g)
- 떡국 떡 1컵(100g)
- 두부(찌개용) 75g
- 유부 5개
- 양파 1/2개
- 팽이버섯 1/2봉지(50g)
- 느타리버섯 1과 1/2줌(80g)
- 쪽파 5줄기
- 7cm 길이로 썬 미나리 6~7줄기분
- 어슷 썬 청양고추 2개분
- 어슷 썬 홍고추 1개분
- 어슷 썬 대파 1/2대분
- 설탕 1/2~1큰술
- 참기름 약간
- 소금 약간
- 후춧가루 약간
- 북어국물 5컵
  (또는 다시마국물이나 멸치국물, 1ℓ)
  * 밑국물 내기 14쪽

돼지고기 양념
- 다진 파 1큰술
- 청주 1큰술
- 설탕 1작은술
- 다진 마늘 2작은술
- 다진 생강 2/3작은술
- 참기름 1작은술
- 후춧가루 약간

전골 양념
- 김치국물 3/4컵(150㎖)
- 고춧가루 2큰술
- 다진 파 2큰술
- 다진 마늘 1큰술
- 맛술 2큰술
- 청주 1큰술
- 국간장 1큰술
- 참치액 2작은술
- 참기름 1/2작은술

명랑쌤 비법 1 개운하고 감칠맛 나는 국물을 내려면?
익은 김치보다는 신김치를 넣어야 국물이 시원하고 감칠맛이 살아요.
신김치의 신맛이 너무 강하면 설탕을 1큰술 정도 넣으면 돼요.
돼지고기는 기름기가 적당한 목살을 넣어야 끓이는 과정에서
김치가 부드러워지고 국물에서 진한 맛이 납니다.
목살은 얇게 썰어진 것을 써야 김치 속에 넣었을 때 잘 말아지고
빨리 부드럽게 익어요.

명랑쌤 비법 2 요리에 어울리는 밑국물 고르기
김치처럼 맛이 강한 재료가 많이 들어간다면, 밑국물 풍미가
전체적인 맛에 별로 영향을 주지 않아요. 북어국물, 다시마국물, 멸치국물 중
미리 만들어둔 것이 있다면 무엇이든 활용해도 돼요.

1 떡국 떡은 물(2와 1/2컵) + 소금(약간)에 20분간 담가둔다. 돼지고기 양념 재료를 섞은 후 돼지고기에 골고루 펴바른다.

2 팽이버섯, 느타리버섯은 밑동을 자르고 가닥가닥 뜯는다.

3 두부는 한입 크기로 납작하게 썬다. 유부, 양파는 1cm 두께로 썬다. 신김치는 속과 양념을 털어낸 후 길이로 2등분한다.

4 신김치에 설탕, 참기름을 넣고 조물조물 무친다.

5 신김치에 ①의 돼지고기, 쪽파 순으로 올려 돌돌 말아준 후 4~5cm 두께로 썬다. 같은 방법으로 1개 더 만든다.

6 전골 냄비에 팽이버섯, 미나리를 뺀 나머지 재료, 전골 양념 재료를 보기 좋게 담고 북어국물을 부어 센 불에서 끓인다.

7 국물이 끓어오르면 중간 불로 줄여 20~25분간 더 끓인다. 팽이버섯, 미나리, 소금, 후춧가루 순으로 넣어 한소끔 끓인다.

명랑쌤 쿠킹 클래스 수강생들이 극찬한 시골 할머니 손맛!

등갈비 시래기 콩탕

- 4~5인분
- 2시간 (+ 콩 불리기, 돼지 등갈비 핏물 빼기 5시간)

- 흰콩(또는 대두, 백태) 200g(불리기 전)
- 돼지 등갈비 500g
- 삶은 시래기 300g
- 미나리 약 1과 1/2줌(100g)
- 양파 1/2개
- 굵은 콩나물 4줌(200g)
- 어슷 썬 청양고추 2개분
- 어슷 썬 홍고추 1개분
- 어슷 썬 대파 1대분
- 다진 마늘 1큰술
- 소금 약간
- 후춧가루 약간

육수
- 대파 1대
- 양파 1/2개
- 편 썬 생강 5조각
- 멸치(중간 크기) 5마리
- 다시마(10×10cm 크기) 1장
- 청주 1/3컵(60~70㎖)
- 통후추 1/2큰술
- 된장 1큰술
- 물 15컵(3ℓ)

양념
- 고춧가루 1큰술
- 설탕 1/2큰술
- 다진 마늘 1큰술
- 국간장 1큰술
- 된장 1큰술
- 고추장 1큰술
- 들기름 1큰술
- 다진 생강 1/2작은술

tip — 재료 대체하기
삶은 시래기 대신 배추 겉잎 또는 얼갈이배추를 삶아서 넣어도 돼요.

건시래기를 샀다면?
130쪽 비법 2를 참고해 손질하세요.

명랑쌤 비법 1 구수하고 깔끔한 육수의 비결
고기 삶은 물은 최대한 식힌 후 면보에 밭쳐 육수를 준비하세요. 국물이 식으면서 굳어진 기름이 걸러지고, 굳지 않은 기름도 면보에 흡수되어 기름기를 최대한 제거할 수 있어요. 이렇게 육수의 기름기를 없애야 구수하고 깔끔한 국물을 만들 수 있답니다.

명랑쌤 비법 2 흰콩의 식감 살리기
흰콩을 불린 후 껍질을 분리하지 않은 상태에서 굵게 갈아야 콩 입자가 중간중간 씹혀 식감이 좋아요. 콩을 곱게 갈아 넣으면 국물이 탁해지므로 굵게 갈도록 하세요.

명랑쌤 비법 3 시판 삶은 시래기는 요리 전 살짝 데치기
시판 삶은 시래기는 대량으로 삶은 후 나눠 포장한 것이에요. 물에 헹구기만 하면 국물이 탁해지고 맛도 떨어지고 빨리 상해요. 요리 전 끓는 물에 7분간 데친 후 찬물에 여러 번 헹구고 물기를 가볍게 짜서 사용하세요.

흰콩을 물에 불리기 전과 후

1 넉넉한 물에 흰콩을 넣어 5시간 이상 불린 후 체에 밭쳐 물기를 뺀다.

2 돼지 등갈비는 먹기 좋게 썰어 찬물에 1시간 이상 담가 핏물을 뺀다. 이때 물을 중간중간 갈아준다. 체에 밭쳐 물기를 뺀다.

3 큰 냄비에 육수 재료를 넣고 센 불에서 끓인다. 끓어오르면 돼지 등갈비를 넣은 후 뚜껑이 1/3 정도 열리게 걸쳐 놓고 중간 불로 줄여 40분간 더 끓인다. 충분히 식힌다.

4 볼에 양념 재료를 섞는다.

5 체에 면보를 올린 후 ③을 걸러 육수(9~10컵)을 준비한다. 돼지 등갈비는 건진 후 ④의 양념의 1/2분량에 버무려둔다.

6 삶은 시래기는 넉넉한 양의 끓는 물에 6~7분간 데친다. 시래기, 미나리는 7cm 길이로 썬다. 양파는 굵게 채 썬다. 콩나물도 씻어 손질한다.

7 시래기는 물기를 꽉 짠 후 볼에 넣고 ④의 남은 양념에 버무린다.

8 ①의 불린 흰콩에 생수(2/3컵)를 섞은 후 콩 알갱이가 살아있게 굵게 간다.

9 큰 냄비에 ⑥의 돼지 등갈비와 육수, ⑦을 넣고 센 불에서 끓인다. 끓어오르면 중간 불로 줄여 10분간 더 끓인다.

10 ⑧을 넣고 10분간 끓인다. 양파, 콩나물을 넣은 후 뚜껑이 1/3 정도 열리게 걸쳐 놓고 약한 불로 줄여 10분간 더 끓인다.

* 뚜껑을 열지 않으면 국물, 콩나물이 넘쳐요.

11 어슷 썬 고추와 대파, 다진 마늘, 미나리, 소금, 후춧가루 순으로 넣고 한소끔 끓어오르면 불을 끈다.

온 가족이 좋아하는 만두로 즐기는 따끈한 식사
만두전골

■ **명랑쌤 비법 1 깔끔하고 담백한 육수 만들기**
육수용 고기는 찬물에 1시간 이상 담가두어 핏물을 최대한 뺀 후 끓여야
육수 색이 탁하지 않고 잡내가 나지 않아 맛이 깔끔해요.

명랑쌤 비법 2 전골을 더 맛있게 즐기려면?
차가운 밑국물을 부으면 끓이는 시간이 길어져서 떡국 떡은 물러지고
만두피는 벗겨질 수 있어요. 밑국물은 미리 끓여 뜨겁게 준비한 후
재료를 담은 전골냄비에 부어 센 불에서 끓이는 것이 좋아요.
냉동 만두는 해동할 필요 없이 바로 넣어도 됩니다.

탕과 전골 ___123

- 🍲 4~5인분
- ⏱ 1시간 50분
   (+ 고기 핏물 빼기 1시간)

- 만두 8~10개
- 떡국 떡 1컵(120g)
- 알배기배추 3~4장
- 양파 1/2개
- 새송이버섯 1~2개(또는 느타리버섯)
- 표고버섯 3개
- 미나리 약 1줌(60g)
- 어슷 썬 대파 1/2대분
- 어슷 썬 청양고추 1개분
- 어슷 썬 홍고추 1개분

쇠고기 양념
- 고춧가루 1큰술
- 다진 파 1큰술
- 국간장 1큰술
- 다진 마늘 1작은술
- 참기름 2작은술
- 후춧가루 약간

육수
- 쇠고기 양지 400g(사태, 등심 등)
- 무 지름 10cm, 두께 1cm(100g)
- 양파 1/2개
- 대파 뿌리 5개(또는 대파 2대)
- 마늘 10쪽
- 건고추 3개
- 편 썬 생강 3조각
- 청주 1/2컵(100㎖)
- 다시마(10×10cm 크기) 4장
- 물 15컵(3ℓ)

육수 양념
- 다진 마늘 1큰술
- 맛술 1큰술
- 국간장 1큰술
- 참치액 1큰술
- 소금 약간
- 후춧가루 약간

1 쇠고기 양지는 넉넉한 양의 찬물에 1시간 동안 담가두어 핏물을 뺀다. 이때 중간중간 물을 갈아준다.

2 큰 냄비에 육수 재료를 넣고 센 불에서 끓어오르면 다시마는 건진다. 뚜껑이 1/4 정도 열리게 걸쳐 놓고 약한 불로 줄여 1시간 20분간 끓인 후 식힌다.

3 체에 면보를 올린 후 ②를 걸러 육수(7과 1/2컵)를 준비한다. 쇠고기는 건진다.

4 쇠고기를 한입 크기로 납작하게 썰어 반 정도 분량만 쇠고기 양념 재료에 버무린다. 떡국 떡은 물(2와 1/2컵) + 소금(약간)에 20분간 담가둔다.
* 남은 고기는 tip을 참고해 수육으로 즐기세요.

tip — 육수 내고 남은 고기는 수육으로 즐기기
육수를 만드는 데 넣은 쇠고기를 전골에 전부 넣으면 양이 많으니 절반 정도만 양념해 넣으세요. 남은 고기는 겨자를 약간 더한 초간장에 찍어 수육으로 즐기면 맛있어요. 이때 고기는 결 반대 방향으로 썰면 부드럽게 먹을 수 있어요.

5 배추, 양파는 굵게 채 썬다.
새송이버섯, 표고버섯, 미나리는 한입 크기로 썬다.

6 냄비에 ③의 육수, 육수 양념 재료를 섞은 후 센 불에서 끓인다. 끓어오르면 불을 끈다.
* 육수를 미리 뜨겁게 끓여둬야 떡국 떡, 만두가 맛있게 익어요.(122쪽 비법 2 참고)

7 전골 냄비에 모든 재료를 담고 ⑥을 부은 후 센 불에서 12~15분간 끓인다. 재료가 익으면 아주 약한 불로 줄여 끓이면서 먹는다.
* 냉동 만두를 활용한다면 해동 없이 그대로 넣어도 돼요.

tip — 명랑쌤표 별미 만두 만들기

재료(20개분)
다진 쇠고기 우둔살 100g, 두부(부침용) 100g, 숙주 2줌(100g), 김치 2/3컵(100g), 다진 파 4큰술, 만두피 20장

양념
풀어놓은 달걀 3큰술, 다진 마늘 1큰술, 들깻가루 2작은술, 설탕 1작은술, 통깨 1작은술, 참기름 2작은술, 소금 약간, 후춧가루 약간

1 다진 쇠고기 우둔살은 키친타월로 감싸 핏물을 없앤다.
2 두부는 면보로 감싸 물기를 꽉 짠다.
3 끓는 물에 숙주를 넣고 1~2분간 데친 후 찬물에 헹군다. 잘게 다져 물기를 살짝 짠다.
4 김치는 물기를 꽉 짠 후 잘게 다진다. 김치의 신맛이 강할 경우 설탕, 참기름을 약간 섞는다.
5 큰 볼에 쇠고기, 두부, 숙주, 김치, 다진 파, 양념 재료를 넣고 섞는다.
6 만두피에 ⑤를 1~2큰술씩 올린 후 만두피 테두리에 물을 묻혀 반달 모양으로 접어 사진처럼 빚는다.
7 김이 오른 찜기에 만두를 넣고 7~8분간 찐다.
* 끓는 물에 식용유 1큰술을 넣고 3분간 삶아도 돼요. 냉동할 때는 익힌 만두를 달라붙지 않게 쟁반에 올려 냉동한 후 지퍼백에 넣어 냉동실에 보관해요.

자작한 국물이 있어 더 맛있게 즐기는
조림·찜

조림과 찜 중에서 자작한 국물이 있는 메뉴들을 골랐어요.
반찬도 되고, 국물요리도 되는 것들이라
김치만 곁들이면 식사 준비가 끝나지요.
대부분의 조림과 찜 메뉴는 약한 불에서 오래 끓여야
재료 속까지 양념이 배기 때문에
먼저 센 불에서 팔팔 끓인 후 불을 줄여 충분히 익혀야 합니다.
보통 감자, 무, 당근 등 단단한 채소들을 부재료로 함께 넣는데
이들이 익으면서 서로 부딪히고 부서져 국물이 탁해질 수 있으니
번거로워도 모서리를 둥글게 깎아주면 좋습니다.
진한 맛의 자작한 국물은 재료, 양념 등이 잘 어우러져야 맛있으니
밑국물은 주재료와 잘 어울리는 것을 고르세요.
쇠고기, 돼지고기가 주재료일 때는 맛이 순한
다시마국물, 채소국물을 넣어 진한 고기의 풍미를 살리세요.
생선 조림에는 생선 고유의 맛을 떨어뜨리는 풍미 강한 멸치국물보다
건어물의 향이 약한 북어국물, 다시마국물이 잘 어울린답니다.

멸치와 건새우로 생선 조림의 풍미를 살짝 더한
국물 자작 무조림

- 4~5인분
- 1시간

명랑쌤 비법 멸치 비린내 줄이는 손질법
1 멸치는 머리, 내장을 제거한다.
2 아주 약한 불에서 4~5분간 부서지지 않게 살살 섞어가며 바삭하게 굽는다.
  또는 내열 접시에 펼쳐 담아 전자레인지에서 1분 정도 돌린다.

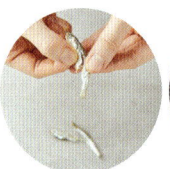

- 무 지름 10cm, 두께 10cm(1kg)
- 손질한 멸치(중간 크기) 18~20마리
  * 멸치 손질법 128쪽 비법 참고
- 건새우 1컵(20g)
- 꽈리고추 15개
- 대파(흰 부분) 20cm
- 마늘 3쪽
- 다시마(10×10cm 크기) 1장
- 물 5컵(1ℓ)

양념
- 고춧가루 4큰술
- 맛술 4큰술
- 양조간장 3큰술
- 참치액 1큰술
- 식용유 1큰술
- 고추기름 1큰술
- 참기름 1큰술
- 국간장 1작은술

1 무는 2cm 두께의 반달 모양으로 썰고 모서리를 둥글게 깎는다.
꽈리고추는 칼집을 한 번 넣는다.
대파는 얇게 어슷 썬다. 마늘은 편 썬다.
* 꽈리고추는 포크로 구멍을 뚫어도 돼요.
* 무는 모서리를 둥글게 깎으면 끓일 때 서로 부딪혀도 잘 으깨지지 않아요.

2 큰 냄비에 물(5컵), 다시마, 무를 넣고 센 불에서 끓어오르면 다시마는 건져낸다. 중간 불로 줄여 뚜껑을 덮고 12~14분간 더 끓인다.

3 무는 그대로 두고 국물(3컵)은 볼에 따라둔다.
다른 볼에 양념 재료를 섞는다.
* 국물의 양이 부족한 경우 물을 더하세요.

4 무 위에 손질한 멸치, 건새우, 섞어둔 양념을 넣고 ③의 국물을 부은 후 뚜껑을 덮어 센 불에서 5분간 끓인다.

5 약한 불로 줄여 뚜껑을 덮고 무가 푹 무르게 익을 때까지 20~25분간 중간중간 골고루 저어가며 끓인다.

6 꽈리고추, 대파, 마늘을 넣고 뚜껑을 덮어 약한 불에서 국물이 자작하게 남을 때까지 5분간 더 익힌다.

밥에 쓱쓱 비벼 먹기 좋은 부드럽고 고소한 맛
시래기 들깨 된장조림

- 4~5인분
- 45~50분
  (+ 북어국물 만들기
  1시간 20~30분)

- 삶은 시래기 500g
- 다진 쇠고기 100g
- 풋고추 1개
- 홍고추 1개
- 대파 1/2대
- 다진 마늘 1큰술
- 거피 들깻가루 2큰술
  * 거피 들깻가루 알아두기 99쪽
- 북어국물 2와 1/2컵
  (또는 다시마국물이나 채소국물, 500㎖)
  * 밑국물 내기 14쪽

시래기 양념
- 설탕 1/2큰술
- 다진 마늘 1큰술
- 참치액 1큰술
- 들기름 3큰술
- 된장 3큰술
  * 재래된장이나 집된장은
  염도가 높을 수 있으니
  간을 보면서 양을 조절하세요.
- 다진 생강 1작은술

쇠고기 양념
- 설탕 1작은술
- 양조간장 1작은술
- 청주 1작은술
- 참기름 1작은술
- 후춧가루 약간

명랑쌤 비법 1 시판 삶은 시래기는 요리 전 살짝 데치기
시판되는 삶은 시래기는 대량으로 삶은 후 나눠 포장한 것이에요.
물에 헹구기만 해서 넣으면 국물이 탁해지고 맛도 떨어지고 빨리 상해요.
요리 전 끓는 물에 7분간 데친 후 찬물에 여러 번 헹구고 물기를 가볍게 짜서 사용하세요.

명랑쌤 비법 2 건시래기 부드럽게 삶는 법
1 건시래기는 따뜻한 물에 담가 5시간 이상 불린다. 이때 물을 중간중간 갈아준다.
2 큰 냄비에 불린 시래기를 넣고 쌀뜨물을 넉넉히 부어 센 불에서 끓어오르면
  약한 불로 줄여 40~50분간 삶는다. 시래기에 따라 질긴 정도가 다르니
  부드럽게 익었는지 중간중간 확인한다. 불을 끄고 물은 버리지 말고 그대로 냄비째 식힌다.
  쌀뜨물은 쌀을 씻으면 나오는 뽀얀 물로 보통 3~4번째 씻었을 때 나오는 물을 쓴다.
3 시래기를 찬물에 1~2회 헹군 후 물기를 가볍게 짠다.

1   2   3

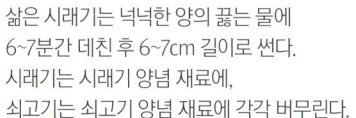

1
삶은 시래기는 넉넉한 양의 끓는 물에
6~7분간 데친 후 6~7cm 길이로 썬다.
시래기는 시래기 양념 재료에,
쇠고기는 쇠고기 양념 재료에 각각 버무린다.

2
고추, 대파는 얇게 어슷 썬다.

3
달군 냄비에 양념한 시래기, 쇠고기를 넣고
센 불에서 3~4분간 볶는다.

4
북어국물을 붓고 센 불에서 끓인다.
끓어오르면 중약 불로 줄여
국물이 바닥에 조금 남을 때까지
15~20분간 뭉근하게 끓인다.

5
고추, 대파, 다진 마늘, 거피 들깻가루를 넣고
골고루 섞은 후 뜸들이듯이
약한 불에서 3~5분간 더 익힌다.

감칠맛 풍부한 오징어, 양념 쏙 밴 두부를 함께 먹는 즐거움
오징어 두부조림

- 3~4인분
- 40~45분
  (+ 다시마국물 만들기 40~45분)

명랑쌤 비법 두부를 더 맛있게 양념하려면?

과정 ①에서 두부에 전분을 묻혀 조리면, 양념을 쏙 흡수한 전분이 두부에 밀착돼서 두부가 밍밍하지 않고 양념 맛이 잘 느껴져요.
과정 ⑤에서 들기름, 식용유를 섞어 두부를 구우면 고소한 향도 더 풍부해집니다.

- 오징어(중간 크기) 1마리
  (손질 전 300~325g)
- 두부 500g
- 팽이버섯 1/2봉지(50g)
- 양파 1/2개
- 대파(흰 부분) 1대분
- 청양고추 1~2개
- 전분 3큰술
- 들기름 1과 1/2큰술
- 식용유 1과 1/2큰술
- 다시마국물 1과 1/2컵
  (또는 멸치국물, 연한 북어국물, 300㎖)
  * 밑국물 내기 12쪽

양념
- 보리새우 1큰술
- 고춧가루 1과 1/2큰술
- 설탕 1큰술
- 통깨 1큰술
- 다진 마늘 1큰술
- 양조간장 2큰술
- 청주 1큰술
- 참치액 1/2큰술

- 고추장 2큰술
  * 재래고추장이나 집고추장은 염도가 높을 수 있으니 간을 보면서 양을 조절하세요.
- 고추기름 1큰술
  * 만들기 88쪽
- 소금 약간
- 후춧가루 약간

1 두부는 통째로 전자레인지에 3분간 익힌 후 살짝 식힌다. 납작하게 썰어 체로 전분을 골고루 뿌린다. * 두부를 통째로 전자레인지에 데우면 구울 때 덜 부서져요.

2 오징어는 손질한 후 몸통 안쪽에 잔칼집을 넣는다. 몸통은 1.5×5cm 크기로, 다리는 5cm 길이로 썬다.
* 오징어 손질하기 38쪽

팽이버섯은 밑동을 자르고 가닥가닥 뜯는다. 양파는 채 썬다. 대파, 청양고추는 어슷 썬다.

3

4 볼에 양념 재료를 섞는다.

5 달군 팬에 들기름, 식용유를 두르고 두부를 넣어 중간 불에서 앞뒤로 노릇해질 때까지 뒤집어가며 4~5분간 굽는다.

6 ⑤에 ②, ③, ④를 넣고 다시마국물을 골고루 부은 후 뚜껑을 덮어 센 불에서 끓인다. 끓어오르면 뚜껑을 열고 국물을 끼얹어가며 중간 불로 줄여 5~7분간 더 끓인다.

남대문 스타일 갈치조림
레시피 136쪽

134

병어 감자조림
레시피 138쪽

우리 집이 바로, 남대문의 유명한 갈치조림 맛집!

남대문 스타일 갈치조림

- 3~4인분
- 약 1시간
  (+ 북어국물 만들기
  1시간 20~30분)

- 갈치(중간 크기) 2마리
- 무 지름 10cm, 두께 3cm(300g)
- 양파 3/4개
- 마늘 10쪽
- 대파 1/2대
- 청양고추 3개
- 건새우 2큰술
- 소금 1작은술
- 북어국물 4컵
  (또는 다시마국물이나 채소국물, 800㎖)
  * 밑국물 내기 14쪽

양념
- 청주 1/4컵(50㎖)
- 맛술 1/4컵(50㎖)
- 고춧가루 3큰술
- 양조간장 3큰술
- 된장 1/2큰술
- 고추장 1/2큰술
- 참기름 1큰술
- 다진 생강 2작은술
- 후춧가루 약간

명랑쌤 비법 1 생선 살 부서지지 않게 요리하려면?
조림할 때는 익는 시간이 긴 재료부터 순서대로 넣어야 해요. 무는 익기까지 시간이 오래 걸리므로 갈치보다 먼저 넣어야 합니다. 이렇게 하면 무도 적당히 익고 간이 쏙 배어요. 만약 무와 갈치를 같이 넣고 무가 익을 때까지 끓이면 갈치가 너무 익어 살이 부서집니다.

명랑쌤 비법 2 감칠맛 풍부한 국물 완성하기
생선 요리는 비린내를 없애야 국물 맛이 좋아져요. 양념에 된장을 넣으면 비린내가 줄지요. 된장은 쌈장으로 대체해도 돼요. 비린내를 구성하는 성분은 휘발성이라 뚜껑을 열고 끓여야 그 냄새가 빠져나갑니다. 또한 건어물로 만든 밑국물을 넣었어도 건새우, 멸치(중간 크기)를 추가해 끓이면 감칠맛이 훨씬 풍부해져요.

[갈치 손질하기]

1 갈치는 칼로 꼬리 쪽에서 대가리 쪽으로 비늘을 긁어낸다.

2 꼬리, 대가리를 잘라낸 후 10cm 크기로 토막낸다.

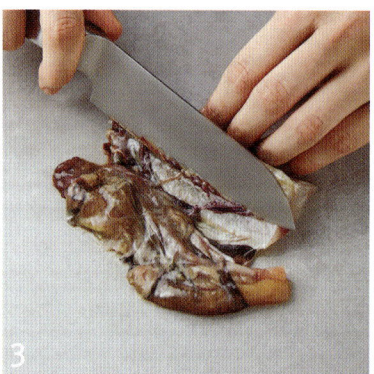

3 배를 가르고 칼로 내장을 밀어내듯이 떼어낸다.

4 가위로 지느러미를 자른 후 흐르는 물에 씻어 소금(1작은술)을 뿌려둔다.

[갈치조림 만들기]

무는 5×5cm 크기로 납작하게 썬다.
양파는 굵게 채 썬다. 마늘은 편 썬다.
대파, 청양고추는 어슷 썬다.

볼에 양념 재료를 섞어둔다.

큰 냄비에 북어국물, 무, 양념의 1/3분량,
건새우를 넣는다. 뚜껑이 1/3 정도 열리게
걸쳐 놓고 센 불에서 끓인다. 끓어오르면
중간 불로 줄여 무가 살짝 익을 때까지
10분 정도 더 끓인다.

불을 잠시 끈다.
갈치, 양파, 마늘, 대파, 청양고추,
나머지 양념 순으로 올려 담는다.

뚜껑이 1/3 정도 열리게 걸쳐 놓고
센 불에서 5분간 끓인다. 중간 불로 줄여
뚜껑을 조금 열고 중간중간 국물을 끼얹어주며
국물이 졸아들 때까지 15분 정도 더 끓인다.

부드럽고 고급스러운 맛의 병어와 햇감자의 만남
병어 감자조림

🍲 3~4인분
⏱ 40~45분
(+ 다시마국물 만들기 40~45분)

- 병어 1~2마리(또는 삼치, 600~700g)
- 감자(중간 크기) 3개
- 양파 1/2개
- 대파 1/3대
- 풋고추 2개
- 홍고추 1개
- 맛술 2큰술
- 멸치(중간 크기) 5마리
  * 멸치 손질하기 128쪽
- 다시마국물 3컵
  (또는 채소국물, 600㎖)
  * 밑국물 내기 12쪽

양념
- 고춧가루 3큰술
- 설탕 1큰술
- 다진 마늘 2큰술
- 다진 생강 1/2큰술
- 양조간장 3큰술
- 청주 2큰술
- 맛술 2큰술
- 고추기름 1큰술
- 고추장 2작은술
- 참기름 2작은술

명랑쌤 비법 1 비린내도 없애고, 살도 단단하게 하려면?
병어의 비린내는 과정 ②와 같이 맛술을 골고루 뿌리면 없어져요.
생선 살도 단단해져서 조리는 동안 쉽게 부서지지도 않지요.
생선 비린내를 구성하는 성분은 휘발성이라 알코올을 함유한 청주, 맛술을
넣고 끓이면 함께 날아가요. 물론 이때 뚜껑을 열어야 하고요.
대파, 마늘, 생강, 양파도 비린내를 없애는 데 도움이 된답니다.

명랑쌤 비법 2 어두일미(魚頭一味), 병어 자르기
병어는 머리 부분에 살이 많은 편이에요. 머리 부분을 제거할 때 다른 생선처럼
'ㅣ'자로 썰지 말고 '〉' 모양으로 썰어 생선 살을 최대한 많이 먹을 수 있도록 하세요.

명랑쌤 비법 3 감자 맛있게 조리기
냄비 바닥에 감자부터 깔고 그 위에 생선, 채소 순으로 올린 후 양념을 끼얹어가며 조리하세요.
생선이 눌어붙는 것도 막을 수 있고, 익으면서 양념이 아래로 내려와 감자에 쏙 스며들어
맛있게 조려집니다.

tip — 병어 알아두기
비늘이 없고 표면이 매끄러우며
5~6월이 제철인 흰살 생선으로 영양이
풍부하고 지방질은 적어 소화가 잘 돼요.
맛이 담백해 제철 햇감자와 매콤하게
요리하면 별미지만 잘 부서지므로
끓이기 전 맛술을 뿌려 살을 단단하게
하세요. 병어는 삼치로 대체해도 돼요.

1
병어는 머리 부분에 살이 많기 때문에 '〉' 모양으로 썬다.
지느러미, 꼬리를 잘라낸다.(비법 2 참고)
몸통은 사진처럼 3등분한다.

병어에 맛술을 골고루 뿌린다.

감자는 1cm 두께로 납작하게 썬다.
양파는 1cm 두께로 채 썬다.
대파, 풋고추, 홍고추는 얇게 어슷 썬다.

볼에 양념 재료를 섞는다.

냄비에 감자, 양념의 1/3분량, 멸치, 병어, 양파, 대파, 고추, 나머지 양념 순으로 담는다.
냄비의 가장자리에 다시마국물을 붓는다.
* 다시마국물에 양념이 흘러 내려가지 않도록 주의하세요.

뚜껑을 열어 센 불에서 5분간 끓인다.
중약 불로 줄인 후 뚜껑을 조금 열고
중간중간 국물을 끼얹어주며
20~25분간 더 끓인다.

고기도 먹고, 국물도 즐기고 서울식 국물 불고기
버섯 육수불고기

- 4~5인분
- 45~50분
  (+ 쇠고기 핏물 빼기와
  다시마국물 만들기 약 1시간)

명랑쌤 비법 깔끔한 국물 완성하기
쇠고기의 핏물과 기름기는 잡내의 원인이에요. 최대한 없애야 깔끔한 맛이 완성돼요.
요리 전 쇠고기를 키친타월에 감싸 냉장 보관하여 핏물을 없애도록 하세요.
과정 ⑤에서 국물을 끓일 때 떠오르는 거품과 기름기도 최대한 걷어내세요.

- 쇠고기 불고기용 600g
  (또는 등심, 홍두깨살, 부채살, 설도 등)
- 새송이버섯 1개
- 표고버섯 3개
- 느타리버섯 약 1줌(60g)
- 팽이버섯 1봉지(100g)
- 미나리 약 1줌(60g)
- 쑥갓 약 1줌(50g)
- 양파 1/2개
- 대파 1/2대
- 청양고추 1개
- 당면 약간
- 다시마국물 3컵(또는 채소국물, 600㎖)
  * 밑국물 내기 12쪽

쇠고기 양념
- 배즙 1/2컵(100㎖)
- 설탕 2큰술
- 통깨 1큰술
- 다진 마늘 1과 1/2큰술
- 양조간장 4큰술
- 청주 2큰술
- 참치액 1큰술
- 매실청 2큰술
- 참기름 1큰술
- 후춧가루 약간

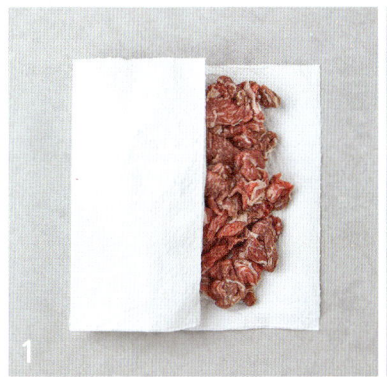

1 쇠고기는 5×5cm 크기로 썰어
키친타월로 감싼다.
냉장실에 1시간 정도 두고 핏물을 없앤다.

2 쇠고기는 쇠고기 양념 재료에 버무려 30분간
재워둔다. 당면은 잠길 만큼의 찬물에
30분간 불린 후 체에 밭쳐 물기를 뺀다.
* 양념 재료의 설탕, 배즙이 연육 작용을 해서
고기가 부드러워져요.

3 새송이버섯은 먹기 좋은 크기로 납작하게 썬다.
표고버섯은 밑동을 떼고 모양대로 얇게 썬다.
느타리버섯은 밑동을 자르고 가닥가닥 뜯는다.
팽이버섯은 밑동만 자른다.

4 미나리, 쑥갓은 6cm 길이로 썬다.
양파는 채 썬다.
대파, 청양고추는 얇게 어슷 썬다.

5 전골 냄비에 모든 재료를 보기 좋게 담고
다시마국물을 부어 센 불에서 끓인다.
국물이 끓어오르면 거품을 계속 걷어내면서
중간 불로 줄여 10분간 더 끓여 완성한다.

손님 초대 요리로도 제격인 고급 메뉴

쇠고기 아롱사태찜

🍲 5~6인분
⏱ 2시간 (+ 쇠고기 핏물 빼기 1시간)

- 쇠고기 사태 1kg(또는 갈비, 꼬리)
- 무 지름 10cm, 두께 4cm(400g)
- 당근(중간 크기) 1개
- 불린 건표고버섯 7개
- 깐 밤 10알
- 송송 썬 대파 20cm분
- 생강즙 1작은술

육수
- 양파 1개
- 대파 2대
- 마늘 3쪽
- 생강(마늘 크기) 1톨
- 무 손질 후 남은 테두리
- 불린 건표고버섯 밑동 7개
- 청주 1/2컵(100㎖)
- 통후추 1작은술
- 물 12와 1/2컵(2.5ℓ)

양념
- 매운 건고추 5개
- 대파(푸른 부분) 2대
- 큼직하게 편 썬 생강 2조각
- 맛술 1/2컵(100㎖)
- 양조간장 1/2컵(100㎖)
- 적포도주 1/2컵(100㎖)
- 배즙 3/4컵(또는 배 음료, 150㎖)
- 설탕 2큰술
- 국간장 1큰술
- 참치액 1큰술

tip — 다른 쇠고기 부위로 만들 때 주의할 점

쇠고기 사태는 갈비, 꼬리 부위로 대체해도 돼요. 단, 이들은 기름기가 많은 부위니 하루 전날 고기 삶은 육수를 차게 식혀 기름기를 굳힌 후 면보에 거르세요.

명랑쌤 비법 1 고기 잡내 없애는 법

핏물과 기름기는 잡내의 원인이기 때문에 최대한 없애야 깔끔한 맛이 완성돼요. 사태를 찬물에 담그고 중간중간 여러 번 물을 갈아주면서 핏물을 빼주세요. 사태를 끓인 물을 면보에 밭치면 기름기가 더 잘 분리돼요. 과정 ⑥에서 생강즙을 넣고 뚜껑을 약간 열어 끓이는 것도 잡내를 없애는 데 도움이 돼요. 사태를 끓이는 과정에서 떠오르는 기름기, 거품도 꼭 걷어주세요.

명랑쌤 비법 2 배즙의 역할

이 메뉴에서 배즙은 고기의 연육보다 양념에 풍부한 단맛을 내기 위해 들어가기 때문에 시판 배 음료로 대체해도 돼요. 물론 배즙을 넣으면 고기의 연육에도 도움이 되어 더 좋답니다.

1
쇠고기 사태는 찬물에 1시간 이상 담가 핏물을 없앤다. 이때 물을 중간중간 갈아준다.

2
무, 당근은 4×4cm 크기로 썰고 모서리를 둥글게 깎는다. 불린 건표고버섯은 밑동을 떼서 2~3등분한다.
* 무 손질 후 남은 테두리, 표고버섯 밑동은 육수 재료로 남겨두세요.

3
큰 냄비에 육수 재료를 넣고 센 불에서 끓인다. 끓어오르면 사태를 넣는다. 10분 정도 끓인 후 뚜껑이 1/3 정도 열리게 걸쳐 놓고 약한 불로 줄여 40분간 더 끓인다.

4. 체에 면보를 올린 후 ③을 걸러 육수(7과 1/2컵)를 준비한다. 사태는 4×4cm 크기로 먹기 좋게 썬다.

5. 큰 냄비에 생강즙과 송송 썬 대파를 뺀 나머지 재료(사태, 채소, 밤, 육수, 양념)를 넣는다. 뚜껑이 1/4 정도 열리게 걸쳐 놓고 센 불에서 국물이 끓어오를 때까지 끓인다.

6. 약한 불로 줄인 후 뚜껑이 1/4 정도 열리게 걸쳐 놓고 국물이 반 정도 남을 때까지 30~35분간 끓인다. 생강즙을 넣고 골고루 섞는다. 그릇에 담고 송송 썬 대파를 올린다.

*국물이 넉넉해서 두고두고 데워 먹어도 좋아요.

칼칼 돼지갈비찜

뒤끝 없는 매운맛에 밥 한 공기 뚝딱!

- 5~6인분
- 약 1시간
  (+ 돼지갈비 핏물 빼기와
  양념에 재우기 약 4시간)

- 돼지갈비(찜용) 1.5kg
- 무 지름 10cm, 길이 3cm(300g)
- 당근(중간 크기) 1/2개
- 청양고추 5개
  * 기호에 따라 양을 조절하세요.
- 대파 1대

양념
- 베트남고추 15개
  (또는 건고추, 청양고추 10~15개)
- 양조간장 3/5컵(120㎖)
- 맥주 1과 1/2컵(300㎖)
- 배즙 3/4컵(150㎖)
- 흑설탕 1/2컵(또는 설탕)
- 매운 고춧가루 1큰술
- 통깨 1큰술
- 다진 마늘 3큰술
- 다진 생강 1/2큰술
- 물엿 3큰술
- 참기름 1큰술
- 후춧가루 1작은술

명랑쌤 비법 1 양념이 속까지 쏙 배게 하려면?
돼지갈비의 두툼한 살코기에 칼집을 넣고 기름기가 많은 부위는 잘라내야 양념이 깊숙이 배어 맛이 좋아요. 기름기를 꼼꼼하게 손질하면 과정 ⑤에서 기름이 잘 생기지 않고 맛도 훨씬 담백하답니다.

명랑쌤 비법 2 뒷맛이 깔끔한 매운맛 내기
고춧가루, 고추장으로만 매운맛을 내면 뒷맛이 텁텁할 수 있어요.
베트남고추는 깔끔한 매운맛을 내므로 활용하면 좋아요.

명랑쌤 비법 3 배즙을 넣는 이유
이 메뉴에서 배즙은 고기를 부드럽게 만드는 역할을 해요.
연육 효과가 적은 배 음료는 적합하지 않으니 꼭 배즙을 넣으세요.
국물에 풍부한 단맛을 내기 위해 배즙을 넣는 쇠고기 아롱사태찜(142쪽)의 경우에는 배 음료로 대체해도 돼요.

명랑쌤 비법 4 흑설탕으로 맛과 색감 살리기
흑설탕 고유의 색이 돼지고기에 배어 요리가 더욱 먹음직스럽게 완성돼요.
캐러멜 성분이 함유되어 있어 풍미도 좋아진답니다.

1
돼지갈비는 먹기 좋게 썬다.
찬물에 3시간 이상 담가 핏물을 뺀 후 체에 밭쳐 물기를 없앤다.
* 돼지갈비 핏물을 뺄 때 물을 중간중간 갈아주세요.

2
돼지갈비의 기름기를 가위로 잘라내고, 두툼한 살코기 부분에 양념이 잘 배게 칼로 칼집을 살짝 넣는다.

3
큰 볼에 돼지갈비, 양념 재료를 넣고 골고루 버무려 1시간 이상 재워둔다.

4 무, 당근은 3×3cm 크기로 썰고 모서리를 둥글게 깎는다. 청양고추, 대파는 송송 썬다.
*무, 당근의 모서리를 둥글게 깎으면 끓일 때 서로 부딪혀도 잘 으깨지지 않아요.

5 냄비에 ③을 넣고 뚜껑이 1/3 정도 열리게 걸쳐 놓고 센 불에서 끓인다. 끓어오르면 약한 불로 줄여 30분간 더 끓인다. 이때 기름기를 계속 걷어낸다.

6 무, 당근을 넣고 중약 불로 올려 뚜껑이 1/3 정도 열리게 걸쳐 놓고 25분 정도 끓인다. 청양고추를 넣고 3분간 뭉근하게 더 끓인다. 그릇에 담고 송송 썬 대파를 올린다.

진한 고기의 풍미와 자작한 양념이 입맛 돋우는
등갈비 김치찜

- 3~4인분
- 약 2시간
  (+ 돼지 등갈비 핏물 빼기와
  북어국물 만들기 1시간 20~30분)

명랑쌤 비법 재료를 따로 끓여 풍미 살리기
김치와 돼지 등갈비를 처음부터 한꺼번에 끓이지 않고 먼저 따로 익힌 후 마지막 과정에서 함께 끓이면 각 재료의 맛이 더욱 풍부해져요.

- 돼지 등갈비 600g
- 익은 김치 4컵(600g)
- 감자(중간 크기) 2개
- 양파 1/2개
- 어슷 썬 대파 1대분
- 어슷 썬 청양고추 2개분
- 어슷 썬 홍고추 1개분
- 북어국물 7컵
  (또는 다시마국물이나 채소국물, 1.4ℓ)
  * 밑국물 내기 14쪽

양념
- 설탕 2큰술
- 고춧가루 1큰술
- 다진 마늘 2큰술
- 양조간장 2큰술
- 청주 2큰술
- 매실청 2큰술
- 된장 1큰술
- 고추장 1큰술
- 참기름 1큰술
- 들기름 1큰술
- 다진 생강 2작은술
- 후춧가루 1/4작은술

1
돼지 등갈비는 먹기 좋게 썬다.
찬물에 1시간 이상 담가 핏물을 뺀다.
이때 중간중간 물을 갈아준다.
체에 밭쳐 물기를 없앤다.

2
작은 볼에 양념 재료를 넣고 섞는다.
큰 볼에 ①, 양념의 2/3분량을 넣고 버무려
30분간 재워둔다.

3
냄비에 ②, 북어국물(1과 1/2컵)을 넣은 후
뚜껑이 1/3 정도 열리게 걸쳐 놓고
센 불에서 끓인다. 국물이 끓어오르면
약한 불로 줄여 뭉근하게 25분간 더 끓인다.

4
김치는 속과 양념을 털어내고 국물을 가볍게
짠다. 감자는 큼직하게 썬다.
양파는 1cm 두께로 썬다

5
김치에 나머지 양념을 골고루 펴 바른 후
큰 냄비에 펼쳐 담는다. 북어국물(3컵)을 붓고
센 불에서 끓인다. 국물이 끓어오르면
약한 불로 줄여 뭉근하게 25분간 더 끓인다.

6
⑤의 냄비에 ③의 익힌 등갈비, 감자, 양파,
대파, 고추를 넣고 나머지 북어국물
(2와 1/2컵)을 부어 센 불에서 끓인다.
끓어오르면 중약 불로 줄여 25분간 더 끓인다.

명랑쌤 비법으로 더 완벽해진 대표 닭 요리
매운 닭볶음탕

명랑쌤 비법 1
닭고기 잡내 없애기
닭고기를 양념과 함께 끓이기 전에 따로 삶으면 좋지 않은 냄새와 기름기를 미리 없앨 수 있어요. 이때 생강, 청주를 넣는 것도 같은 이유예요.

명랑쌤 비법 2
닭고기와 채소에 양념 골고루 배게 하기
닭고기와 채소가 맛있게 익는 시간이 각각 다르니 한꺼번에 넣지 말고 레시피와 같이 순차적으로 넣어 익히세요. 이때 양념도 함께 넣어야 양념이 잘 배어 맛있어요. 양념을 처음에 전부 넣으면 닭고기는 짜고, 감자와 당근은 싱거울 수 있으니 기억해두세요. 이것이 과정 ⑤, ⑥에서 양념을 나눠 넣는 이유랍니다.

tip — 닭고기 알아두기
윤기가 돌고 털구멍이 울퉁불퉁한 것이 신선한 닭고기예요. 껍질에 주름이 진 것은 피하세요. 닭고기가 끓으면서 뼈와 껍질에서 감칠맛이 우러나와 국물 맛이 더욱 깊어집니다. 닭다리로만 대체할 경우 700~800g이 적당해요. 껍질이 없는 가슴살은 감칠맛이 부족하기 때문에 추천하지 않아요.

남은 국물로 볶음밥 만들기
국물을 덜어내 밥의 반 정도 분량이 되게 남긴 후 밥 1공기(250g), 다진 양파·당근·쪽파 1/4컵씩, 잘게 썬 김치 1/2컵, 참기름·통깨 1큰술씩, 조미김 2~3큰술을 넣고 볶아 먹으면 별미랍니다.

- 🍲 5~6인분
- ⏱ 1시간 20분
  (+ 다시마국물 만들기 40~45분)

- 볶음탕용 닭 1팩(1~1.2kg)
- 감자(중간 크기) 3개
- 당근(중간 크기) 1개
- 양파 2개
- 표고버섯 4개
- 송송 썬 청양고추 3개분
- 다시마국물 4컵(또는 채소국물, 800㎖)
  * 밑국물 내기 12쪽
  * 다시마국물이 없다면 과정 ②의 닭 삶은 물을 면보에 밭쳐 사용해도 돼요.

닭 삶는 재료
- 생강(마늘 크기) 1톨
- 대파 뿌리 3개(또는 대파 1대)
- 청주 1/4컵(50㎖)
- 물 10컵(2ℓ)

양념
- 고춧가루 3큰술
- 설탕 1큰술
- 다진 파 3큰술
- 다진 마늘 2큰술
- 청주 3큰술
- 양조간장 3큰술
- 물엿 2큰술
- 고추장 2큰술
  * 재래고추장이나 집고추장은 염도가 높을 수 있으니 간을 보면서 양을 조절하세요.
- 참기름 1큰술
- 다진 생강 1작은술
- 소금 약간
- 후춧가루 약간

1 닭고기는 흐르는 물에 2회 정도 헹군다.

2 큰 냄비에 닭고기, 닭 삶는 재료를 넣고 센 불에서 끓인다. 끓어오르면 5분간 익힌다. 닭고기만 체에 밭쳐 물기를 빼고 식힌다.
* 닭고기를 삶을 때 뚜껑을 열어야 누린내가 날아가요.

3 감자, 당근은 3×3cm 크기로 큼직하게 썰고 모서리를 둥글게 깎는다. 양파도 3×3cm 크기로 썬다. 표고버섯은 밑동을 떼어내고 4등분한다.
* 감자, 당근은 모서리를 둥글게 깎으면 끓일 때 서로 부딪혀도 잘 으깨지지 않아요.

4 볼에 양념 재료를 섞어둔다.

5 큰 냄비에 ②의 삶은 닭, 양념의 2/3분량, 다시마국물, 송송 썬 청양고추를 넣는다. 뚜껑이 1/3 정도 열리게 걸쳐 놓고 센 불에서 끓인다. 끓어오르면 뚜껑을 덮고 중간 불로 줄여 20분간 더 끓인다.

6 ③, 나머지 양념을 넣고 섞은 후 뚜껑을 덮어 센 불에서 끓인다. 끓어오르면 중간 불에서 10분, 약한 불로 줄여 뒤적이며 10분간 더 끓인다.

구수한 황태를 더해 더욱 특별해진 닭찜
황태 찜닭

조림과 찜 __ 151

- 4~5인분
- 50분
  (+ 닭 밑간에 재우기와
  다시마국물 만들기 약 1시간)

- 볶음탕용 닭 800g
  (또는 닭다리 500~600g)
- 황태포 1마리(또는 북어포, 60~70g)
- 다시마(5×5cm 크기) 3장
- 표고버섯 3개
- 청양고추 2개
- 홍고추 1개
- 대파(흰 부분) 20cm
- 편 썬 생강 2조각
- 식용유 2큰술
- 고추기름 1큰술
  * 만들기 88쪽
- 참기름 1큰술
- 통깨 1큰술
- 후춧가루 약간

닭고기 밑간
- 양파 간 것 2큰술
- 청주 2큰술
- 소금 1작은술
- 후춧가루 1/5작은술

양념
- 양조간장 1/4컵(50㎖)
- 흑설탕 3큰술(또는 설탕)
- 다진 마늘 1큰술
- 청주 1큰술
- 맛술 1큰술
- 다진 생강 1/2작은술
- 다시마국물 1과 3/4컵
  (또는 채소국물, 350㎖)
  * 밑국물 내기 12쪽

명랑쌤 비법 1 황태 껍질 수축을 줄이려면?
황태 껍질에는 콜라겐 성분이 많이 들어있어 익히는 도중 수축이 잘 돼요. 최소화하려면 황태포를 물에 헹군 후 사진처럼 껍질에 칼집을 살짝 넣으세요.

명랑쌤 비법 2 닭고기를 미리 구워 깔끔한 맛 내기
닭고기를 끓이기 전에 구우면 기름기, 잡내가 없어져서 더 깔끔한 찜이 완성돼요. 구운 닭고기는 체에 밭쳐 기름기를 꼭 빼주세요.

명랑쌤 비법 3 모든 재료에 양념 골고루 배게 하는 방법
닭고기, 황태포는 익는 시간이 각각 다르므로 양념도 그에 맞춰 나눠 넣어야 간이 골고루 배어들어요. 닭고기를 넣고 양념 재료 2/3분량을, 나머지 재료를 넣고 남은 양념을 넣으세요.

명랑쌤 비법 4 흑설탕으로 맛과 색감 살리기
흑설탕 고유의 색이 닭고기에 배어 요리가 더욱 먹음직스럽게 완성돼요. 캐러멜 성분이 함유되어 있어 풍미도 좋아진답니다.

1 닭고기는 흐르는 물에 2회 정도 헹군 후 체에 밭쳐 물기를 뺀다. 큰 볼에 닭과 닭고기 밑간 재료를 넣고 버무려 1시간 재워둔다.

2 황태포는 흐르는 물에 씻은 후 물기를 살짝 짠다. 4×4cm 크기로 자른 후 칼집을 살짝 넣는다.(비법 1 참고) 표고버섯은 밑동을 떼고 4등분한다. 고추, 대파는 1.5cm 두께로 썬다.

3 깊은 팬에 식용유, 고추기름, 편 썬 생강을 넣고 센 불에서 30초~1분간 뜨겁게 달군다. 생강에서 갈색이 나면 건진다.

4 닭고기를 넣고 센 불에서 구운 색이 날 때까지 5~7분간 볶듯이 굽는다.

5 구운 닭고기를 5분 이상 체에 받쳐 기름기를 최대한 뺀다. 작은 볼에 양념 재료를 섞어둔다.

6 깊은 팬에 구운 닭고기, 양념의 2/3분량, 다시마, 표고버섯을 넣는다. 센 불에서 끓어오르면 뚜껑이 1/3 정도 열리게 걸쳐 놓고 국물이 반 정도 줄어들 때까지 중강 불에서 8~10분간 끓인다.

7 황태포, 고추, 대파, 나머지 양념을 넣는다. 뚜껑이 반 정도 열리게 걸쳐 놓은 후 중간 불에서 국물이 거의 없어질 때까지 뒤적이며 10분간 조린다.

8 윤기가 나면 참기름, 통깨, 후춧가루를 넣고 골고루 섞은 후 불을 끈다.

조림과 찜 ___ 153

Index

[가나다순]

ㄱ
가지냉국 58
간편 꽁치 김치찌개 71
국물 자작 무조림 128
김치 콩나물국 34
김치 콩비지찌개 76

ㄴ
낙지 연포탕 110
남대문 스타일 갈치조림 134

ㄷ
단호박 꽃게탕 104
닭개장 84
대파 버섯 달걀국 32
도토리묵냉국 60
동태찌개 70
돼지고기 감자 고추장찌개 82
돼지고기 김치찌개 78
돼지목살 김치전골 116
등갈비 김치찜 146
등갈비 시래기 콩탕 117

ㅁ
만두전골 122
맑은 감자국 28
매생이 굴국 48
매운 닭볶음탕 148
매콤한 청국장찌개 71
명란 순두부국 43

ㅂ
버섯 육수불고기 140
병어 감자조림 135
부대찌개 80
불낙전골 111
빨간 쇠고기 뭇국 52

ㅅ
삼계탕 100
새우젓 애호박 두부국 30
쇠고기 미역국 50
쇠고기 아롱사태찜 142
쇠고기 얼갈이배추 된장국 42
순두부 들깨탕 95
시금치 건새우 된장국 43
시래기 들깨 된장조림 130

ㅇ
어묵탕 94
오이 미역냉국 56
오징어 두부조림 132
오징어 뭇국 40
우럭 매운탕 105
우렁 강된장찌개 66
우엉 들깨탕 95
육개장 85

ㅊ
차돌 된장찌개 64
차돌 우거지찌개 90
초계탕 102

ㅋ
칼칼 돼지갈비찜 144
콩나물 오징어 북엇국 36

ㅌ
토란국 54

ㅎ
해물 순두부찌개 68
황태 찜닭 151

[주재료별]

해조류
매생이 굴국 48
쇠고기 미역국 50
오이 미역냉국 56

생선
동태찌개 70
간편 꽁치 김치찌개 71
우럭 매운탕 105
남대문 스타일 갈치조림 134
병어 감자조림 135

해산물
콩나물 오징어 북엇국 36
오징어 뭇국 40
시금치 건새우 된장국 43
해물 순두부찌개 68
단호박 꽃게탕 104
낙지 연포탕 110
불낙전골 111
오징어 두부조림 132

채소
맑은 감자국 28
새우젓 애호박 두부국 30
대파 버섯 달걀국 32
김치 콩나물국 34
시금치 건새우 된장국 43
토란국 54
오이 미역냉국 56
가지냉국 58
도토리묵냉국 60
우엉 들깨탕 95
순두부 들깨탕 95
국물 자작 무조림 128
시래기 들깨 된장조림 130

김치
김치 콩나물국 34
간편 꽁치 김치찌개 71
김치 콩비지찌개 76
돼지고기 김치찌개 78
돼지목살 김치전골 116
등갈비 김치찜 146

콩 & 두부류
명란 순두부국 42
해물 순두부찌개 68
김치 콩비지찌개 76
순두부 들깨탕 95
등갈비 시래기 콩탕 117
오징어 두부조림 132

닭고기
닭개장 84
삼계탕 100
초계탕 102
매운 닭볶음탕 148
황태 찜닭 151

돼지고기
매콤한 청국장찌개 71
돼지고기 김치찌개 78
부대찌개 80
돼지고기 감자 고추장찌개 82
돼지목살 김치전골 116
등갈비 시래기 콩탕 117
칼칼 돼지갈비찜 144
등갈비 김치찜 146

쇠고기
쇠고기 얼갈이배추 된장국 42
빨간 쇠고기 뭇국 52
토란국 54
차돌 된장찌개 64
육개장 85
차돌 우거지찌개 90
불낙전골 111
버섯 육수불고기 140
쇠고기 아롱사태찜 142

기타
명란 순두부국 42
어묵탕 94
만두전골 122

〈집밥이 더 맛있어지는 명랑쌤 비법 국물요리〉와 **함께 보면 좋은 책**

한 번에 넉넉히 만들어 일주일 편하게 먹기
냉장고에 보관해도 끝까지 맛있는 명랑쌤표 밑반찬

〈 집밥이 편해지는 명랑쌤 비법 밑반찬 〉
명랑쌤 이혜원 지음 / 160쪽

- 볶음, 조림, 절임, 무침까지
  명랑쌤만의 비법 레시피
- 매콤한 밑반찬을 맵지 않게 만드는 요령으로
  온 가족이 맛있게 즐기는 밑반찬
- 보관이 중요한 밑반찬
  끝까지 맛있게 먹는 보관법
- 쫄면장, 볶음된장 등 SNS에서 핫했던
  명랑쌤표 만능 양념까지

" 가족들 삼시 세끼
밥상 챙기는 게
제일 큰 고민인 주부입니다.
그중에서도 반찬이 제일 힘들었는데
고민이었던 부분이 싹~ 해결되었어요."
- 온라인 서점 YES24
나* 독자님 -

늘 곁에 두고 활용하는 소장 가치 높은 책을 만듭니다 **레시피팩토리**
홈페이지 www.recipefactory.co.kr

외식보다 더 편하게, 맛있게
즐길 수 있는 별미 한 그릇 집밥

- ☑ 솥밥, 덮밥, 볶음밥, 김밥, 면 요리까지
  명랑쌤만의 비법 맛내기 노하우
- ☑ 촉촉한 밥 짓기, 쫄깃한 면 삶기 등
  탄탄한 기본을 위한 명랑쌤 비법 레슨
- ☑ 두루 활용할 수 있고 입맛을 돋우는
  양념간장과 곁들임 간단 반찬
- ☑ 풍부한 맛, 다양한 응용을 위한
  각종 양념과 소스들, 대체 재료 소개

〈 외식보다 맛있는 집밥, 명랑쌤 비법 한 그릇 밥과 면 〉
명랑쌤 이혜원 지음 / 160쪽

쿠킹 클래스 인기 메뉴들로
엄선한 명랑쌤 대표 일품요리

- ☑ 쇠고기, 돼지고기, 닭고기, 해물 재료의
  활용도 높은 일품요리 메뉴들로 구성
- ☑ 한식, 양식, 중식, 일식 등 나라별,
  냉채, 찜, 볶음 등 조리법별 다양한 메뉴
- ☑ 고기&해물 부위별 특징과 조리법,
  Q&A 등의 명랑쌤 비법 레슨 수록
- ☑ 일품요리에 풍성함을 더하는 곁들임
  간단 반찬, 다양한 소스와 양념들

〈 외식보다 다채로운 집밥, 명랑쌤 비법 고기&해물 일품요리 〉
명랑쌤 이혜원 지음 / 160쪽

집밥이 더 맛있어지는
명랑쌤 비법 국물요리

1판 1쇄 펴낸 날	2020년 12월 10일
1판 4쇄 펴낸 날	2025년 12월 3일

편집장	김상애
책임 편집	김현경
디자인	원유경
사진	박동민(어시스턴트 최혁진) · 박형인
스타일링	김주연(u r today, 어시스턴트 송은아 · 정소희)
요리 어시스턴트	강민수 · 윤지유
기획 · 마케팅	내도우리 · 엄지혜

편집주간	박성주
펴낸이	조준일

펴낸곳	(주)레시피팩토리
주소	서울특별시 용산구 한강대로 95 래미안용산더센트럴 A동 509호
대표번호	02-534-7011
팩스	02-6969-5100
홈페이지	www.recipefactory.co.kr
애독자 카페	cafe.naver.com/superecipe
출판신고	2009년 1월 28일 제25100-2009-000038호

제작 · 인쇄	(주)대한프린테크

값 17,600원

ISBN 979-11-85473-67-3

Copyright ⓒ 이혜원, 2020
이 책의 레시피, 사진 등 모든 저작권은 저자와 (주)레시피팩토리에 있는 저작물이므로
이 책에 실린 글, 레시피, 사진의 무단 전재와 무단 복제를 금합니다.

* 인쇄 및 제본에 이상이 있는 책은 구입하신 서점에서 교환해 드립니다.
* 제품 협찬 : 소소리, 화소반, 나무목 공방, 오덴세

명랑쌤 비법 밑국물 — 국물 맛을 섬세하게 하는 기본 밑국물 5가지

밑국물	재료	완성량	조리시간	만들기 *끓으면서 떠오르는 거품은 건져내세요.
다시마국물	• 다시마(10×10cm 크기) 4~5장 • 물 10컵(2ℓ)	8컵(1.6~1.7ℓ)	40~45분	1. 다시마를 물에 30분간 담가둔다. 2. 냄비에 붓고 센 불에서 끓인다. 3. 끓어오르면 불을 끄고 다시마를 건진다.
멸치국물	• 멸치(중간 크기) 20마리 • 다시마(10×10cm 크기) 1~2장 • 무 지름 10cm, 두께 1cm(100g) • 양파 1/2개 • 대파 1/2대 • 건고추 2개 • 통후추 1작은술 • 청주 1/4컵(50㎖) • 물 12와 1/2컵(2.5ℓ)	10컵(2ℓ)	1시간 20~30분	1. 멸치는 머리와 내장을 떼어낸 후 달군 팬에 약한 불에서 1~2분간 굽는다. 　*멸치를 내열 접시에 넓게 펼쳐 담아 전자레인지에서 1~2분간 데워도 돼요. 2. 냄비에 다시마를 뺀 나머지 재료를 넣고 30분간 둔다. 3. 센 불에서 끓인다. 끓어오르면 약한 불로 줄여 30분간 끓인다. 4. 다시마를 넣고 5분간 더 끓인다.
북어국물 (황태국물)	• 북어나 황태대가리 2개 　(또는 북어채나 황태채 약 1과 1/2컵) • 건새우 1/4컵 • 멸치(중간 크기) 10마리 • 다시마(10×10cm 크기) 1~2장 • 무 지름 10cm, 두께 1cm(100g) • 양파 1/4개 • 대파 뿌리 5개(또는 대파 약 2대) • 건고추 2개 • 통후추 1작은술 • 청주 1/4컵(50㎖) • 물 15컵(3ℓ)	12컵(2.4ℓ)	1시간 20~30분	1. 북어대가리, 건새우, 머리와 내장을 떼어낸 멸치, 다시마를 달군 팬에 중약 불에서 1~2분간 볶는다. 　*모든 재료를 내열 접시에 넓게 펼쳐 담아 전자레인지에서 1~2분간 데워도 돼요. 2. 냄비에 다시마를 뺀 나머지 재료를 넣고 30분간 둔다. 3. 센 불에서 끓인다. 끓어오르면 약한 불로 줄여 뚜껑을 반 정도 열리게 걸쳐 놓고 40분간 더 끓인다. 4. 다시마를 넣고 5분간 더 끓인다.
채소국물	• 무 지름 10cm, 두께 1cm(100g) • 양파 1/2개 • 대파 1대(또는 대파 뿌리 3개) • 다시마(10×10cm 크기) 1~2장 • 건표고버섯 3개 • 건고추 1~2개 • 물 12와 1/2컵(2.5ℓ)	10컵(2ℓ)	1~2시간	1. 모든 재료를 큼직하게 썬 후 물에 30분~1시간 담가둔다. 2. 냄비에 넣고 센 불에서 끓어오르면 다시마를 건진다. 3. 약한 불로 줄여 30~40분간 더 끓인다.
쇠고기육수	• 쇠고기 　(사태, 양지, 설도, 설기살 등) 300g • 다시마(10×10cm 크기) 1~2장 • 무 지름 10cm, 두께 1cm(100g) • 양파 1/2개 • 대파 1대 • 마늘 5쪽 • 편 썬 생강 1~2조각 • 통후추 1큰술 • 청주 1/3컵(약 70㎖) • 물 15컵(3ℓ)	11컵(2.2ℓ)	1시간 40~50분	1. 쇠고기는 3~4토막 낸 후 찬물에 30분 이상 담가 핏물을 뺀다. 2. 냄비에 모든 재료를 넣고 센 불에서 끓인다. 3. 끓어오르면 약한 불로 줄인다. 뚜껑이 1/3 정도 열리게 걸쳐 놓고 40~50분간 뭉근하게 더 끓인다.

밑국물이 부족하거나 없다면? 초간단 다시마 국물 만들기

재료 다시마(10×10cm 크기) 2장, 물 5컵(1ℓ)

만들기
1. 다시마는 가위로 가늘게 자른다.
2. 내열 용기에 다시마와 물을 넣고 뚜껑을 열고 전자레인지에서 7~8분간 데운다.
3. 맛이 우러나도록 10분간 두었다가 요리에 활용한다.

밑국물 보관하기

* 완성된 밑국물은 식힌 후 체에 밭쳐 국물만 밀폐용기에 넣어 보관하세요.
  (쇠고기육수는 냉장실에서 차게 식혀 체에 밭치면 굳은 기름기까지 제거돼요)
* 냉장실에서는 3~4일간, 김치냉장고에서는 7일간 보관 가능해요.(여름에는 2~3일)
* 냉동실에서 1회분씩 얼려 1개월간 보관 가능해요.